The Essence and Legal Analysis of Enterprise Asset Securitization

企业资产证券化精要与法律解析

王同海　夏　辉　唐　昀 ◎ 编著

上海财经大学出版社

图书在版编目(CIP)数据

企业资产证券化精要与法律解析/王同海,夏辉,唐昀编著.
—上海:上海财经大学出版社,2021.12
ISBN 978-7-5642-3866-7/F·3866

Ⅰ.①企… Ⅱ.①王…②夏…③唐… Ⅲ.①企业-资产证券化-研究-中国 Ⅳ.①F832.51②F279.23

中国版本图书馆CIP数据核字(2021)第191334号

□ 策划编辑 刘光本
□ 责任编辑 廖沛昕
□ 封面设计 贺加贝

企业资产证券化精要与法律解析

王同海 夏 辉 唐 昀 编著

上海财经大学出版社出版发行
(上海市中山北一路369号 邮编200083)
网 址:http://www.sufep.com
电子邮箱:webmaster @ sufep.com
全国新华书店经销
上海华教印务有限公司印刷装订
2021年12月第1版 2021年12月第1次印刷

710mm×1000mm 1/16 15.75印张(插页:2) 283千字
定价:69.00元

编著组成员

王同海　　夏辉　　唐昀

马骏　　赵玥

序

资产证券化发源于 20 世纪 70 年代的美国，虽经历 2008 年次贷危机的冲击，目前仍是欧美主要的金融产品之一。从基础资产区分，美国的资产证券化产品大体可分为不动产抵押贷款支持证券（Mortgage Backed Securitization，MBS）和一般资产支持证券（Assets Backed Securitization，ABS）。

我国资产证券化起步于 2005 年，不过十数年时间，整个行业经历了试点、停滞、复苏和常态化发展等阶段。中国债券信息网公布的《2020 年度资产证券化发展报告》中的数据显示，2020 年我国共发行标准化资产证券化产品 28 749.27 亿元，同比增长 23%；年末市场存量为 51 862.60 亿元，同比增长 24%。特别是随着 2018 年《关于规范金融机构资产管理业务的指导意见》的出台及“非标”产品的整改与压降，资产证券化作为一项“标准化”产品，在资管产品体系中的作用变得更为明显和重要。

同时，我国的资产证券化，从最初的试点就带着深刻的监管烙印，从而使得我国资产证券化业务演化为中国人民银行和中国银行保险监督委员会主管的信贷资产证券化、项目资产支持计划、中国证券业监督管理委员会主管的企业资产证券化以及中国银行间交易商协会主管的资产支持票据四种模式。虽然各监管部门的监管尺度、标准正趋于统一，但各种资产证券化模式下的产品结构、参与主体、法律性质、基础资产范围等仍存在不小的差异，这也给实务中对各类证券化产品的认知与操作造成了一定的难度。

目前市场中虽有不少书籍涉及对资产证券化业务或产品的分析介绍，或专注于不同国家或区域之间产品的横向比较，或专注于具体产品的操作流程，较少有针对证券化产品的各类要素、术语进行溯源解析。而初学或有志从事资产证券化业务的人士，对各类要素、术语的了解和掌握是学习证券资产化业务的第一步。本书以词条的形式罗列和解释了这些关键要素和术语，像把一粒粒珍珠进行打磨使其发光并串起来呈现给读者。该书作者来源于律师行业，立足于资产证券化的实务，一方面对资产证券化各个流程阶段涉及的各项要素、各类主体、术语进行解构与解读；另一方面基于不同证券化产品中的共性法律问题，进行提炼总结，具有非常强的实务指引效果。

该书共分三个部分：第一部分是对我国资产证券化业务的概述，简要梳理和回顾了我国资产证券业务从试点、停滞到复苏及当前常态化、创新化的发展。第二部分是资产证券化词条释义，从证券化的参与主体、专项计划这一特殊载体以及交易文件等各个环节，对资产证券化中涉及的各项要素、主体、术语进行词条解读与释义。第三部分是针对证券化业务中的共性法律问题，进行提炼总结，并基于业务与司法实践，提出应对措施。附录部分除整理了典型的资产证券产品案例外，还梳理了相应的法律法规与监管政策要求，为资产证券化业务的从业人员提供了法律分析的方向和操作指引。

当前资产证券化仍处于不断创新、发展的新阶段，各类资产证券化产品及法律问题也层出不穷，有待于从事资产证券化业务的参与机构和从业人员共同努力，推进我国资产证券化业务的可持续发展。同时，也期待该书作者能继续深耕这一法律领域，未来为我们提供更多有价值的意见与支持。

祁绍斌

雪松国际信托董事长

2021 年 12 月

自　序

本书的发端，始于一次团队内部业务培训的头脑风暴。初窥资产证券化的门径，彼时我们不时纠结于不同类型基础资产所构建的资产证券化产品概念、术语、结构的辨析与认定。故而起初的念头也仅是整理一份资产证券化业务指引以备团队内部培训学习使用。然知易行难，真正着手整理时才发现，资产证券化业务从美国发端至今上不过数十年的光景，相关理论或实践中的资料业已浩卷繁帙，且充斥着一些似是而非的概念和术语，同时这些概念在不同语境或不同产品中又存在差异的指向和表意。

不过，既然“flag”已立，也不好随便放下。于是，在业务工作之外，培训材料扩展为对资产证券化基础知识（包括某些基本概念术语）的梳理总结。在某种程度上，这样的过程倒也暗合霍姆斯的“法律的生命在于经验，而非逻辑”的论断。

本书的主旨是主要通过对企业资产证券化产品中涉及的基本概念、术语的梳理，厘清资产证券化的产品结构与操作流程。我国的资产证券化产品并非某种纯粹本土成长起来的自发秩序产物，其甫一落地扎根，便迎合并体现了本土特色。例如，因为我国金融领域分业监管的特性，资产证券化业务初始的监管框架、监管规则就带有强烈的部门监管特点，不同监管条线下的资产证券化产品的发展路径与具体进程也受此影响。再比如，相比较其他国家的资产证券化产品，我国的资产证券化产品带有更为强烈的卖方融资需求及债的属性，由此激发市场投资人对于资产证券化产品外部增信措施的需求，进而引发实践操作中的各种外部增信措施的创新设计与应用，“担保”“流动性支持”“差额补足”“安慰函”等不一而足，而“风险隔离”或“破产隔离”在很多情形下则成为相对次要的诉求，如此种种。

尽管横向比较，在资产证券化的参与主体、架构设计（包括相关制度措施）方面，不同国家或地区的资产证券化产品可能具有语词或概念上的相同或相似，但其内涵以及实务中对其认知与理解已存在相当的差异，有必要予以厘清。需要注意的是，在实践中也不必过于纠结概念在能指与实指上面的差异与区别（有关“实然”与“应然”的讨论与辨析，当然有其价值），而需要切实关注其在实践中的具体功能职责及角色定位。诚如哈特所言，在研究法律概念时，不要问某概念的本质是什么，而应问这个概念的功能是什么。这当然不是说概念本身不重要，而是针对概念本身，除从词源角度、价值角度进行分析考察外，还需要从整个法律逻辑架构以及商业实践角度去考虑其所指与应用功能。

本书付梓之际，恰逢魔都深秋，春种秋收，已历经几番寒暑。在此要特别感谢整个业务团队的同心勠力，感谢唐昀律师、马骏律师、赵玥律师用心编撰及写作，感谢王同海律师的统筹协调与审定核对。没有大家在繁重工作之余的无私贡献和共同努力，也不会有本书的成稿。

最后想要说明的是，本书的成文与其说是我们对于资产证券化概念或结构的某种论断，不如说是我们基于当前业务实践及思考的阶段总结。路漫漫其修远兮，是为记。

夏　辉

2021年12月

目 录

第一部分 资产证券化业务概述

第二部分 资产证券化词条释义

第三部分　资产证券化实务问题解析

第一部分

资产证券化业务概述

第一章

资产证券化的历史沿革

资产证券化业务最早起源于20世纪70年代的美国，最初是用于替换银行存量的信贷资产。不过在多年的发展中，资产证券化产品凭借其盘活存量资产的属性并在相对活跃的二级市场受到广泛青睐，应用范围不断扩大。中国资产证券化业务的启动与发展，是伴随着我国资本市场的改革和发展而逐步推进的。根据Wind的统计，2019年企业ABS的发行量达到1.11万亿元，同比增长16.2%，占当年整体发行量的47%。2019年资产支持票据ABN发行2 888.04亿元，同比大幅增长129.8%。2019年信贷ABS发行9 634.59亿元，同比微增3.4%，相比之下发行规模相对稳定。考虑到有关我国资产证券化发展历程的介绍卷帙浩繁，本章仅就我国的资产证券化业务的发展历程与现状进行简要回溯和介绍。

第一节　资产证券化业务的"试点探索"

我国的资产证券化业务是伴随着我国资本市场的改革和发展而逐步推进的，因此资产证券化业务的开端就基于我国当时的资本市场及金融监管的现状。

国务院于2004年发布《关于推进资本市场改革开放和稳定发展的若干意见》（国发〔2004〕3号），提出："建立以市场为主导的品种创新机制。研究开发与股票和债券相关的新品种及其衍生产品。加大风险较低的固定收益类证券产品的开发力度，为投资者提供储蓄替代型证券投资品种。积极探索并开发资产证券化品种。"

首先对此做出响应的是中国证券监督管理委员会（以下简称"证监会"）。2004年10月，证监会发布《关于证券公司开展资产证券化业务试点有关问题的通知》（以下简称《通知》），就证券公司开展资产证券化业务的方式、参与机构、申请与审核、监督管理等事项进行了概要性地规范，同时《通知》还强调"中国证监会对证券公司开展资产证券化业务采取先试点、后推开的原则。在试点阶段，严格限定证券公司的试点范围，仅允许已通过创新试点评审，并具有证券资产管理业务资格的证券公司开展此项业务，待积累一定经验后再逐步推开"。

遵循这一监管思路，在《通知》发布之后至2008年，证监会所监管的企业资产证券化产品共发行9单。至2009年，证监会先后发布了《关于通报证券公司企业资产证券化业务试点情况的函》《证券公司企业资产证券化业务试点指引（试行）》两则监管文件。

2005年3月，中国人民银行（以下简称"人民银行"）、中国银行业监督管理委员会（以下简称"银监会"，2018年与中国保险监督管理委员会整合组建为中国银行保险监督管理委员会）发布《信贷资产证券化试点管理办法》，标志着以风险相对容易判断的银行信贷资产作为底层资产正式启动。2015 年第一期，开元信贷资产支持证券和建元 2005—1 个人住房抵押贷款证券化信托落地标志着资产证券化进入到落地阶段。中华人民共和国财政部（以下简称“财政部”）随后于 2005 年 5 月 16 日发布《信贷资产证券化试点会计处理规定》，银监会于 2005 年 9 月发布《金融机构信贷资产证券化监督管理办法》，财政部和国家税务总局于 2006 年 2 月 22 日发布《关于信贷资产证券化有关税收政策问题的通知》，人民银行于 2007 年 8 月 21 日发布《关于信贷资产证券化基础资产池信息披露有关事项的公告》等规则。客观来说，这一阶段信贷资产证券化的基础制度建设相对较为全面（更具操作指引），对于信贷资产证券化业务以及附随的会计处理、税收政策及信息披露等都做了相应规范。

2008 年美国次贷危机发生，这次由房屋次级贷款和资产证券化引起的金融风暴席卷全球，尽管次贷危机的爆发与蔓延有其深层次的原因和背景，并不能简单归咎于证券化本身这一技术中性的金融产品或结构设计，但从当时审慎管理的角度出发，我国监管机构暂停了这一阶段资产证券化产品的发行，在 2009—2011 年的两年时间内，我国基本没有新的资产证券化产品发行。

第二节　资产证券化业务的“再出发”

2012 年以后，随着美国次贷危机的影响逐渐消退，我国国内的资产证券化业务也开始了重启之路。这一次，首先重启的是银监会。

2012 年 5 月，人民银行、银监会和财政部联合发布《关于进一步扩大信贷资产证券化试点有关事项的通知》（银发〔2012〕127 号），宣布要扩大信贷资产证券化业务试点。2013 年 7 月 2 日，国务院发布《关于金融支持经济结构调整和转型升级的指导意见》，要求逐步推进信贷资产证券化常规化发展。

2013年12月,银监会发布《关于进一步规范信贷资产证券化发起机构风险自留行为的公告》,对于发起机构自留进行了明确。在此基础上,银监会又于2014年11月20日发布《关于信贷资产证券化备案登记工作流程的通知》,明确规定将针对信贷资产证券化业务实施备案制,并于次年下发批文公布确认了开展信贷资产证券化产品业务资格的商业银行名单。当年3月,人民银行发布《关于信贷资产支持证券试行注册制的公告》,规定"已经取得监管部门相关业务资格、发行过信贷资产支持证券并且能够按照规定披露信息的受托机构和发起机构可以向中国人民银行申请注册,并在注册有效期内自主发行信贷资产支持证券"。

证监会于2013年发布《证券公司资产证券化业务管理规定》,取代了《关于证券公司开展资产证券化业务试点有关问题的通知》,并宣告企业资产证券化的试点阶段的结束。2014年,证监会发布《证券公司及基金管理公司子公司资产证券化业务管理规定》(以下简称《资产证券化业务管理规定》)及配套《证券公司及基金管理公司子公司资产证券化业务信息披露指引》(以下简称《信息披露指引》),也正式开启了企业资产证券化备案制。

在信贷资产证券化业务以及企业资产证券化业务重启的同时,银行间市场交易商协会①(以下简称"银行间交易商协会")所主导的又一款资产证券化产品——"资产支持票据业务"也开始起步。2012年,银行间交易商协会发布《银行间债券市场非金融企业资产支持票据指引》(以下简称《非金融企业资产支持票据指引》)。为适应市场需求,银行间交易商协会于2016年发布《非金融企业资产支持票据指引(修订版)》和《非金融企业资产支持票据公开发行注册文件表格体系》。

除此之外,作为当时"一行三会"之一的中国保险监督管理委员会(以下

① 根据银行间市场交易商协会官网介绍,中国银行间市场交易商协会是由市场参与者自愿组成的,包括银行间债券市场、同业拆借市场、外汇市场、票据市场和黄金市场在内的银行间市场的自律组织。协会经国务院同意、民政部批准于2007年9月3日成立,为全国性的非营利性社会团体法人,其业务主管部门为中国人民银行。协会会员包括单位会员和个人会员,银行间债券市场、拆借市场、外汇市场、票据市场和黄金市场的参与者、中介机构及相关领域的从业人员和专家学者均可自愿申请成为协会会员。协会单位会员将涵盖政策性银行、商业银行、信用社、保险公司、证券公司、信托公司、投资基金、财务公司、信用评级公司、大中型工商企业等各类金融机构和非金融机构。

简称“保监会”，2018 年与银监会整合组建为中国银行保险监督管理委员会)，也于 2012 年 10 月 12 日发布了《关于保险资金投资有关金融产品的通知》(保监发〔2012〕91 号)，就保险资金投资类证券化金融产品的相关事项进行了规定，金融产品包含了“项目资产支持计划”。该通知对项目资产支持计划的受托人以及参与投资的保险公司的资质进行了简单的要求，并非针对项目资产支持计划的专门规定。2013 年 2 月 4 日发布《关于保险资产管理公司开展资产管理产品业务试点有关问题的通知》。2014 年 7 月，保监会向各保险资管公司和长江养老保险公司下发《项目资产支持计划试点业务监管口径》(以下简称《监管口径》)。2015 年 9 月 11 日，保监会印发《资产支持计划业务管理暂行办法》(保监发〔2015〕85 号)，替代了《监管口径》。该暂行办法系统的规定了资产支持计划的各项具体要求。相较于《监管口径》，该暂行办法扩大了基础资产的范围，对于基础资产权属、交易真实性等提出基本要求，并提出了实施动态负面清单管理以及对基础资产实施穿透原则等要求。《资产支持计划业务管理暂行办法》是目前保险机构投资资产支持计划的主要监管依据，并将以往的项目资产支持计划更名为资产支持计划。

至此，有关资产证券化的基本监管框架及产品条线已初步构建确立，除保险资产支持计划因其风险偏好及监管导向尚不活跃外，以上海证券交易所(以下简称“上交所”)、深圳证券交易所(以下简称“深交所”)和银行间交易商协会为交易场所开展的企业资产证券化、信贷资产证券化及资产支持票据业务已趋成熟。

第二章

资产证券化的操作与监管审核流程

第一节　资产证券化的操作流程

如第一章所述，对于我国目前的资产证券化业务而言，尽管因基础资产来源、监管机构及交易场所的不同而区分为不同类型的资产证券化产品，且适用不同的监管业务规则，但资产证券化构建交易的基本流程是大同小异的。本节将就资产证券化业务的一般流程以及不同类型资产证券化产品的具体适用流程进行介绍和说明。

在具体的资产证券化业务过程中，一般的操作流程均涉及如下环节和步骤：

一、确定基础资产或资产池

对于资产证券化业务而言，因其主要通过围绕不同类型资产所产生的现金流构建证券化产品，因此对于发起人或者基础资产的所有者而言，其在决策之初，首要的工作就是确定基础资产或资产池。当然对于基础资产或资产池的判断或划分设定的具体工作，通常需要承销机构提前介入协助发起人进行评估、审核。必要时，承销机构还会联合律师事务所、评级机构等第三方中介机构共同协助发起人分析评估发起人或其持有的基础资产的适格性及以此开展后续资产证券化的可行性。

二、交易结构的设计

在承销机构协助发起人初步确定基础资产或资产池的范围以及以此开展资产证券化的可行性后，承销机构通常会协助发起人设计和确定整个交易结构，承销机构需要根据发起人的融资需求、基础资产或资产池的特性、现金的回流归集情况等设计确定交易结构，如确定发行方式（单次发行还是储架发行）、信用增级措施（内部增信或外部增信）、现金归集流转过程、是否适用循环购买机制等。

由于交易结构的设计和确定，最终需要通过交易文件体现和承载。在这一阶段，承销机构通常需要与律师事务所共同合作确定并落实交易结构的细节。

三、设立特殊目的载体

特殊目的载体（SPV）既是从发起人处受让基础资产，实现发起人与基础资产之间风险隔离的法律载体，又是证券的发行主体。特殊目的载体是依据相应法律法规，通过一系列交易文件构建的拟制主体，主要以基础资产的持有人以及证券发行人的身份存在。

特殊目的载体设立本身并不复杂，但其作为连接基础资产及证券发行的载体，需要在相应的交易文件中详细约定其设立的过程、受让并持有基础资产以及作为证券发行人的权利与义务内容。

四、特殊目的载体受让并持有基础资产

尽管在业务的操作逻辑上，特殊目的载体设立后，先行受让并取得基础资产，然后基于基础资产发行证券。但是在具体业务操作中，特殊目的载体作为通过一系列交易文件所构建的拟制主体，本身并没有足够的资产或现金流用以购买或受让资产，因此反映在交易文件和交易安排上，特殊目的载体先行证券在发行成功、取得投资人的认购资金后，再以认购资金从发起人处受让基础资产。

五、证券发行与认购

如前所述，特殊目的载体在承销机构的协助和安排下，进行证券发行工作，并以证券发行所取得的认购资金作为受让基础资产的资金来源。发行成功后，由受托人代表认购证券的投资者，进行后续证券的管理服务工作。

六、后期服务与管理

在证券发行成功且特殊目的载体已受让并持有基础资产以后，整个资产证券化业务就进入存续期的持续管理阶段。在此阶段，一方面，需要由资产服务机构对特殊目的载体受让持有的基础资产(包括其在存续期产生的现金流)进行管理和归集；另一方面，需要对特殊目的载体取得的现金流和收入，在扣除相应成本费用后，向投资者进行证券收益的分配工作。

除此之外，特殊目的载体以及受托人还需根据交易文件的约定以及监管规则的要求，履行相关信息披露义务。

第二节　资产证券化的监管审核流程

因当前我国资产证券化业务仍采取分业监管模式，由不同的监管主管机构及交易所对不同类别资产证券化产品分别进行管理，尽管监管尺度与标准上的差异在逐渐消弭，但在具体规则指引与操作层面仍存有差异。故此，除非特别指明，本书对具体资产证券化业务模式与操作细节的介绍和说明主要以企业资产证券化为核心展开。

如第一章所述，根据《资产证券化业务管理规定》及配套的《信息披露指引》的规定，企业资产证券已采取备案制管理。然而在实践中，因具体的资产支持专项计划产品在设立发行及后续挂牌、转让等过程中的具体监管工作分别由中国证券投资基金业协会（以下简称“基金业协会”）、实际交易场所（如上交所、深交所）具体负责。

对具体的资产支持专项计划的业务操作而言，其所要准备和申报的产品信息和资料是基本一致的，但由于基金业协会与交易所的具体监管审核要求因其各自管理的阶段以及侧重点不同而呈现一定的差异，因此有必要对具体的监管审核流程进行梳理和介绍。

从资产支持专项计划设立发行及后续挂牌转让交易的业务逻辑来看，应该是设立发行在先，挂牌转让在后。然而在具体监管审核操作中，基金业协会负责的设立发行备案更多是形式上的复核确认，资产支持专项计划具体的结构设计、风控措施的把控由交易所具体负责。因此，一般的监管审核有以下流程（以上交所为例）：

一、资产支持专项计划在设立前向上交所提出挂牌转让申请并取得"无异议函"

《资产证券化业务管理规定》第三十六条规定:"管理人应当自专项计划成立日起5个工作日内将设立情况报中国基金业协会备案,同时抄送对管理人有辖区监管权的中国证监会派出机构。中国基金业协会应当制定备案规则,对备案实施自律管理。"

第三十九条规定:"资产支持证券申请在证券交易场所挂牌转让的,还应当符合证券交易所或其他证券交易场所规定的条件。证券交易所、全国中小企业股份转让系统应当制定挂牌、转让规则,对资产支持证券的挂牌、转让进行自律管理。"

基金业协会发布的《资产支持专项计划备案管理办法》第八条第一款规定:"管理人应在专项计划设立完成后5个工作日内,向基金业协会报送以下备案材料。"

《资产支持专项计划备案管理办法》第八条第二款进一步规定:"拟在证券交易场所挂牌、转让资产支持证券的专项计划,管理人应当提交证券交易场所拟同意挂牌转让文件;管理人向基金业协会报送的备案材料应当与经证券交易场所审核后的挂牌转让申报材料保持一致。"

因此,若资产支持专项计划后续拟向上交所进行挂牌转让的,应当在资产支持专项计划设立前,根据《上海证券交易所资产证券化业务指引》等相关规则,先行向上交所申报挂牌转让申请,并取得上交所关于同意资产支持专项计划挂牌转让的"无异议函"。

二、资产支持计划产品在设立完成后向基金业协会申请备案

在取得上交所的"无异议函"之后,资产支持专项计划设立之日起5个工作日内,应当根据《资产支持专项计划备案管理办法》第八条第一款向基金业

协会申报备案。

三、完成备案后与上交所签订转让服务协议，申请正式挂牌转让

《上海证券交易所资产证券化业务指引》第十一条规定："专项计划备案后，管理人申请资产支持证券在本所挂牌转让时，应当提交以下材料，并在挂牌转让前与本所签订转让服务协议。"

因此，在资产支持专项计划设立并完成基金业协会备案后，需在正式挂牌转让前与上交所签署正式的转让服务协议，并提交相应材料，申请挂牌转让。

四、出具资产支持专项计划产品存续期间的日常报告

根据《资产支持专项计划备案管理办法》的规定，资产支持专项计划在存续期间，应定期或不定期向基金业协会履行日常报告工作。

定期的日常报告包括：(1)在与上交所签订转让服务协议或取得其他证明材料后5个工作日内，向基金业协会报告；(2)在每年4月30日之前向基金业协会提交年度资产管理报告、年度托管报告。

不定期的日常报告主要包括：(1)资产支持专项计划存续期内发生重大变更；(2)计划管理人、托管人及其他信息披露义务人按照相关约定履行信息披露义务；(3)发生《信息披露指引》所规定的重大事项；(4)资产支持专项计划的托管人、登记结算机构、资信评级机构、销售机构及其他相关中介机构按照相关规定的要求及资产支持专项计划文件的约定需出具相关报告；(5)计划管理人因专项计划被证监会及其派出机构等监管机构采取监管措施，或被交易场所、登记结算机构、证券业协会等自律组织采取自律措施等情形。

五、出具资产支持计划产品终止清算时向基金业协会的报告

《资产支持专项计划备案管理办法》第二十一条规定:“专项计划终止清算的,管理人应在清算完毕之日起 10 个工作日内将清算结果向基金业协会报告。”

第三章

资产证券化的趋势展望

第一节　后“资管新规”时代的资管业务

一、《资管新规》及配套监管细则的出台

2018 年 4 月 27 日，人民银行联合中国银行保险监督管理委员会（以下简称“银保监会”）、证监会、国家外汇管理局（以下简称“外汇管理局”）共同发布了《关于规范金融机构资产管理业务的指导意见》（银发〔2018〕106 号）（以下简称《资管新规》）。《资管新规》的出台，表明监管机构在顶层设计上，试图突破金融分类监管的藩篱，通过对资管机构、资管产品及开展资管业务标准的统一，来消除监管套利，同时打破刚性兑付，化解金融风险，并引导金融脱实向虚，以更好地服务实体经济。

《资管新规》第二条规定，资产管理业务是指银行、信托、证券、基金、期货、保险资产管理机构、金融资产投资公司等金融机构接受投资者委托，对受托的投资者财产进行投资和管理的金融服务。金融机构为委托人利益履行诚实信用、勤勉尽责义务并收取相应的管理费用，委托人自担投资风险并获得收益。金融机构可以与委托人在合同中事先约定收取合理的业绩报酬，业绩报酬计入管理费，须与产品一一对应并逐个结算，不同产品之间不得相互串用。……私募投资基金适用私募投资基金专门法律、行政法规，私募投资基金专门法律、行政法规中没有明确规定的适用本意见，创业投资基金、政府出资产业投资基金的相关规定另行制定。

《资管新规》主要从两个维度对资管产品进行分类：

一是资金端。按照募集方式分为公募产品和私募产品两大类。公募产品面向风险识别和承受能力偏弱的社会公众发行，风险外溢性强，在投资范围等方面监管要求较私募产品严格，主要投资标准化债权类资产以及上市交易的股票，除法律、法规和金融管理部门另有规定外，不得投资未上市企业股权。私募产品面向风险识别和承受能力较强的合格投资者发行，监管要求相对宽松，更加尊重市场主体的意思自治，可以投资债权类资产、上市或挂牌交易的股票、未上市企业股权和受（收）益权以及符合法律法规规定的其他资产。

二是资产端。根据投资性质分为固定收益类产品、权益类产品、商品及金融衍生品类产品、混合类产品四大类。按照投资风险越高，分级杠杆约束越严的原则，设定不同的分级比例限制，各类产品的信息披露重点也不同。

《资管新规》按照"实质重于形式"原则强化落实功能监管，力图消除因机构类型适用不同的监管规则和标准所存在的监管套利空间，同时贯彻"合适的产品卖给合适的投资者"理念，落实"合格投资者标准"，明确信息披露要求，确保风险与收益相匹配。

为实现《资管新规》所构建的监管体系和监管要求，相关金融监管机构先后发布相关配套监管细则来落实和细化相关领域的监管细则：

(1)2018 年 7 月，人民银行发布《关于进一步明确规范金融机构资产管理业务指导意见有关事项的通知》，就过渡期内资管产品的整改和适用做了补充规定。

(2)2018 年 8 月,银保监会信托监督管理部发布《信托部关于加强规范资产管理业务过渡期内信托监管工作的通知》。该通知即回应了《资管新规》中有关"公益信托、家族信托不适用《资管新规》的具体范围",又再次明确要落实和明确对于资管产品和资产业务的统一适用标准:"加强对各类信托业务及创新产品监管,还原其业务和风险实质,同类业务适用一监管标准。对事务管理类信托业务要区别对待、严把信托目的、信托资产来源及用途的合法合规性,严控为委托人监管套利、违法违规提供便利的事务管理类信托业务,支持信托公司开展符合监管要求、资金投向实体经济的事务管理类信托业务。要督促信托公司依法合规开展产权信托业务,以财产权信托的名义开展资金信托业务的,适用于《指导意见》①。以信托产品或其他资产管理产品作为受让方受让信托受益权的业务,视同资产管理产品嵌套业务,投资于依据金融管理部门颁布规则发行的资产证券化产品除外。"

(3)2018 年 9 月,银保监会发布《商业银行理财业务监督管理办法》。

(4)2018 年 10 月,证监会发布《证券期货经营机构私募资产管理业务管理办法》和《证券期货经营机构私募资产管理计划运作管理规定》。

(5)2020 年 3 月,银保监会发布《保险资产管理产品管理暂行办法》。

(6)2020 年 5 月,银保监会发布《信托公司资金信托管理暂行办法(征求意见稿)》。

(7)2021 年 5 月,银保监会发布《关于规范现金管理类理财产品管理有关事项的通知》。

至此,就《资管新规》所指向的"资管业务",除私募投资基金尚未明确和发布具体的配套细则外,就银行、信托、证券、基金、期货、保险资产管理机构或其开展的资管业务均已发布相应的监管配套细则,已初步构建资管业务的框架。

---

① 即指《资管新规》。

二、"非标产品"的厘清及标准资产的认定

《资管新规》根据资管产品的投向将其区分为标准化产品与非标准化产品，并首次通过列举方式对标准化产品予以确定，并将不符合标准化产品定义和标准的资管产品统一归为"非标准化产品"（以下简称"非标产品"），从而厘清了资管行业长期以来有关"非标产品"口径与定义混乱以及实践中通过"嵌套""结构创新"等方式规避"非标"监管的操作。

《资管新规》第十一条规定："资产管理产品进行投资应当符合以下规定，(一)标准化债权类资产应当同时符合以下条件：1. 等分化，可交易。2. 信息披露充分。3. 集中登记，独立托管。4. 公允定价，流动性机制完善。5. 在银行间市场、证券交易所市场等经国务院同意设立的交易市场交易……标准化债权类资产之外的债权类资产均为非标准化债权类资产。金融机构发行资产管理产品投资于非标准化债权类资产的，应当遵守金融监督管理部门制定的有关限额管理、流动性管理等监管标准。金融监督管理部门未制定相关监管标准的，由中国人民银行督促根据本意见要求制定监管标准并予以执行。"

为回应《资管新规》提出的"标准化债权类资产的具体认定规则由中国人民银行会同金融监督管理部门另行制定"。2020 年 7 月，人民银行、银保监会、证监会及外汇管理局共同发布公告，正式发布《标准化债权类资产认定规则》〔2020 第 5 号〕（以下简称《标准资产认定规则》）。

《标准资产认定规则》在《资管新规》确定的"标准化债权类资产条件"的基础上，直接确定了既有的标准化债权类资产范围以及后续标准化债权类资产的认定标准与程序。《标准资产认定规则》第一条规定："本规则所称的标准化债权类资产是指依法发行的债券、资产支持证券等固定收益证券，主要包括国债、中央银行票据、地方政府债券、政府支持机构债券、金融债券、非金融企业债务融资工具、公司债券、企业债券、国际机构债券、同业存单、信贷资产支持证券、资产支持票据、证券交易所挂牌交易的资产支持证券，以及固定收益类公开募集证券投资基金等。"

《标准资产认定规则》第二条规定："其他债权类资产被认定为标准化债

权类资产的，应当同时符合以下条件：

（一）等分化，可交易。以簿记建档或招标方式非公开发行，发行与存续期间有2个（含）以上合格投资者，以票面金额或其整数倍作为最小交易单位，具有标准化的交易合同文本。

（二）信息披露充分。发行文件对信息披露方式、内容、频率等具体安排有明确约定，信息披露责任主体确保信息披露真实、准确、完整、及时。发行文件中明确发行人有义务通过提供现金或金融工具等偿付投资者，或明确以破产隔离的基础资产所产生的现金流偿付投资者，并至少包含发行金额、票面金额、发行价格或利率确定方式、期限、发行方式、承销方式等要素。

（三）集中登记，独立托管。在人民银行和金融监督管理部门认可的债券市场登记托管机构集中登记、独立托管。

（四）公允定价，流动性机制完善。采用询价、双边报价、竞价撮合等交易方式，有做市机构、承销商等积极提供做市、估值等服务。买卖双方优先依据近期成交价格或做市机构、承销商报价确定交易价格。若该资产无近期成交价格或报价，可参考其他第三方估值。提供估值服务的其他第三方估值机构具备完善的公司治理结构，能够有效处理利益冲突，同时通过合理的质量控制手段确保估值质量，并公开估值方法、估值流程，确保估值透明。

（五）在银行间市场、证券交易所市场等国务院同意设立的交易市场交易。为其提供登记托管、清算结算等基础设施服务的机构，已纳入银行间、交易所债券市场基础设施统筹监管，按照分层有序、有机互补、服务多元的原则与债券市场其他基础设施协调配合，相关业务遵循债券和资产支持证券统一规范安排。”

《标准资产认定规则》第三条规定：“符合本规则第二条第五项所列相关要求的机构，可向人民银行提出标准化债权类资产认定申请。人民银行会同金融监督管理部门根据本规则第二条所列条件及有关规定进行认定。”

至此，在《资管新规》之后，《标准资产认定规则》的出台为标准资产的认定初步划定了范围及判定标准。

第二节 《资管新规》之后的探索趋势

一、“ABCP”的出台

2020年6月，银行间交易商协会发出公告，提出：

“在人民银行的指导下，依托广大市场成员，积极研究推动资产证券化产品创新发展，在现行资产支持票据（ABN）规则体系下，研究推出资产支持类融资直达创新产品——资产支持商业票据（Asset-Backed Commercial Paper，ABCP），并推动试点项目落地，服务、落实好‘六稳’‘六保’的工作要求。”

“ABCP是指单一或多个企业（发起机构）把自身拥有的、能够产生稳定现金流的应收账款、票据等资产按照‘破产隔离、真实出售’的原则出售给特殊目的载体（SPV），并由特殊目的载体以资产为支持进行滚动发行的短期证券化类货币市场工具，为企业提供了兼具流动性和资产负债管理的新型工具。ABCP主要有三个特点：一是短久期，可滚动发行。目前国内资产证券化产品通常为一次发行。ABCP单期发行在一年以内，单期到期时可灵活选择以新发行ABCP的融资款、基础资产回款或外部流动性支持作为偿付来源，实现滚动发行、循环融资。二是便利性好，可操作性强。出于融资效率考虑，常规证券化产品会要求入池资产到期日相近。ABCP基于‘滚动发行’特点，入池资产可不要求与单期发行期限匹配，从而大幅提升盘活存量资产选择的灵活性和效率。三是标准化程度高，产品安全性好。以应收账款、票据等期限短、分散性高的基础资产为支持，可借助大数法则获得较为稳定的违约率，标准化程度高，流动性好，加之借助证券化产品的结构化设计和多元增信安排，保障了较高的产品安全性。”

如前所述，银行间交易商协会对于 ABCP 定位，是基于现有 ABN 规则体系下业务子品种之一，其仍属于 ABN。在操作上其仍然适用 ABN 的法律规则，当然在具体结构设计与操作上，ABCP 仍具有区别一般 ABN 产品的特点。其主要表现为：

(1)ABCP 产品通过“滚动发行”，实现基础资产期限与证券产品(票据)期限的匹配。根据《非金融企业资产支持票据指引》第二十一条规定，资产支持票据产品期限应与基础资产的存续期限相匹配，但采用循环购买结构的情形除外。在循环购买结构下，发行载体可以根据交易合同约定的标准以基础资产产生的现金流向发起机构再次或多次购买新的同类型合格基础资产，实现资产支持票据和基础资产的期限匹配。

在常规 ABN 产品设计中，若基础资产期限无法与票据期限匹配，则通常会采用“循环购买”结构来解决。而对于 ABCP 产品而言，由于其单期发行期限在一年以下，故其通过“滚动发行”方式，解决资产与票据期限错配的风险。

(2)ABCP 的“滚动发行”与常规 ABN 产品的“储架发行”也有区别。如前所述，ABCP 产品项下单期 ABCP 的期限短，并通过“滚动发行”的机制在同一个产品项下直接滚动发行新的 ABCP 实现接续，其所对应的仍是同一基础资产，而在“储架发行”中，虽然产品额度是通过“一次注册，分期发行”实现，但每期产品所对应的是不同的基础资产。

二、基础设施 REITs 的探索

REITs(Real Estate Investment Trusts)即房地产投资信托基金，是一种以发行股票或受益凭证的方式汇集众多投资者的资金，由专门投资机构进行房地产投资经营管理，并将投资综合收益按比例分配给投资者的一种信托基金。就国外的实践经验来看，REITs 通过在证券市场交易，打破了房地产是不动产的传统思维，使房地产交易变得更具有流动性，也是一种较为典型的“标准资产”。

目前国内发行的相关产品，更多的是私募性质的房地产项目公司股权与资产证券化相结合的产品，只是部分符合了国外成熟市场 REITs 的标准，并非真正意义上的 REITs，通常称其为类 REITs 产品。国内类 REITs 目前的操作模式主要是通过发行资产支持专项计划，即契约型的方式。但资产支持专项计划不能直接收购物业公司股权，一般通过私募基金收购物业公司股权、专项计划购买私募基金份额，投资者认购专项计划份额，从而实现间接持有物业资产，进行投资。目前国内市场已在运行的类 REITs 的交易架构主要为“私募基金＋ABS＋项目公司”。

2020 年 4 月 24 日，证监会、国家发展和改革委员会（以下简称“发改委”）联合发布《关于推进基础设施领域不动产投资信托基金（REITs）试点相关工作的通知》，开启境内基础设施领域公募 REITs 试点工作。同日，证监会发布《公开募集基础设施证券投资基金指引（试行）》（征求意见稿）（以下简称《指引（征求意见稿）》），作为配套文件，将明确基建公募 REITs 的设立和运行规则。

2020 年 8 月 6 日，证监会发布《公开募集基础设施证券投资基金指引（试行）》（证监会公告〔2020〕54 号）。2020 年 9 月 23 日，中国证券投资基金业协会发布《公开募集基础设施证券投资基金尽职调查工作指引（试行）》（征求意见稿）、《公开募集基础设施证券投资基金运营操作指引（试行）》（征求意见稿）等。

2021 年 1 月 13 日，发改委发布《国家发展改革委办公厅关于建立全国基础设施领域不动产投资信托基金（REITs）试点项目库的通知》（发改办投资〔2021〕35 号）。

2021 年 1 月 29 日，上交所、深交所分别发布公开募集基础设施证券投资基金（REITs）业务办法及业务指引。

2021 年 2 月 5 日，中国证券登记结算有限责任公司发布《中国证券登记结算有限责任公司深圳证券交易所公开募集基础设施证券投资基金登记结算业务指引（试行）》（中国结算发字〔2021〕21 号）。

2021 年 6 月 21 日，首批 9 只基础设施公募 REITs 正式上市交易，其中 5 单在上交所上市交易，4 单在深交所上市交易。

至此，市场期盼已久的公募 REITs 开启了自身的探索之路。

三、"标准化票据"的标准化之路

2020 年 6 月 28 日，人民银行公布了《标准化票据管理办法》，标志着"标准化票据"产品的正式出台。事实上早在 2019 年 8 月 15 日，上海票据交易所（以下简称"票据所"）就发布了《关于申报创设 2019 年第 1 期标准化票据的公告》，开始了"标准化票据"产品的摸索。

《标准化票据管理办法》第二条规定，本办法所称标准化票据，是指存托机构归集核心信用要素相似、期限相近的商业汇票组建基础资产池，以基础资产池产生的现金流为偿付支持而创设的等分化受益凭证。

根据《标准化票据管理办法》，标准化票据是指存托机构归集商业汇票组建基础资产池，以基础资产产生的现金流为偿付支持而创设的受益证券；标准化票据属于货币市场工具，人民银行依法对标准化票据实施宏观调控和监督管理。

值得注意的是，《标准化票据管理办法》征求意见稿发布后，曾有意见"认为标准化票据属于资产支持证券"，但人民银行对此未予采纳，并认为"标准化票据的实质为票据交易机制的进一步优化和标准化，票据的流转在我国《票据法》等相关法律法规框架下进行，不同于其他资产。此外，根据相关部门制定的资产支持证券管理规则，票据不符合基础资产的性质、合格基础资产的标准及类别等规定"。

尽管《标准化票据管理办法》将标准化票据定义为一种等分化受益凭证，但人民银行在反馈中也强调标准化票据为票据交易机制的转化，不涉及产品的分级、分层。

尽管《标准化票据管理办法》将"标准化票据"定义为货币市场工具，且在反馈中明确"标准化票据……不符合基础资产的性质、合格基础资产的标准及类别等规定"，但该管理办法中对于标准化票据的设定、归集、交易与托管、风险隔离等，与资产证券化产品的结构并无本质区别，且标准化产品特征也符合《标准资产认定规则》设定的标准条件。遗憾的是，《标准资产认定规则》未对标准化票据做出认定，有待于后续根据《标准资产认定规则》对此做出明确。

第二部分

资产证券化词条释义

第四章

资产证券化的参与主体

第一节　计划管理人

【基本解读】

资产支持专项计划管理人是资产证券化项目中的主要参与主体，它是为资产支持证券持有人的利益，负责作为资产支持专项计划的代表连接原始权益人与资产支持证券持有人，代表专项计划受让基础资产及附属的各类权益，委托其他中介机构等事宜。此外，计划管理人还负责成立专项计划，全面参与产品设计、销售发行并提供财务顾问等服务。

根据《资产证券化业务管理规定》，计划管理人主要由证券公司及基金管理公司子公司担任，其中开展资产证券化业务的证券公司须具备客户资产管理业务资格[①]，基金管理公司子公司须由证券投资基金管理公司设立且具备特定客户资产管理业务资格[②]。此外，经证监会认可，期货公司、证券金融公司、中国证监会负责监管的其他公司以及商业银行、保险公司、信托公司等金融机构，也可参照适用《资产证券化业务管理规定》，开展资产证券化业务。目前市场上已出现了以信托公司作为计划管理人发行企业资产证券化的成功案例[③]。

【计划管理人的职责与义务】

1. 勤勉管理义务

无论是作为《资产证券化业务管理规定》上位法的《中华人民共和国证券投资基金法》（以下简称《证券投资基金法》）[④]《中华人民共和国信托法》（以下简称《信托法》）[⑤]，还是作为监管规定的《资产证券化业务管理规定》[⑥]等，均要求管理人须遵循恪尽职守、谨慎勤勉、亲自有效等管理原则，为投资人的最大利益从事私募活动，是管理人的核心义务。然而从实践角度，“勤勉尽责”并非一个能够规范化的概念，法律法规及监管规定中的勤勉义务条款均为框架式的行为准则而非精确式的行为指引，并不具有明确的、直接的、可操作的规范或指引作用。计划管理人的勤勉义务是被动式地履行相关规定或合同中的行为，还是应根据所掌握信息与实际情况主动涉入，在实践中存在一定的争议。

我们认为，勤勉义务作为计划管理人的核心义务，其重要性不言而喻，又

---

① 证券公司须向中国证监会申请客户资产管理业务资格，且按《证券公司客户资产管理业务管理办法》（证监会令第 93 号）的要求从事客户资产管理业务。

② 基金管理子公司从事特定资产管理业务须经证监会批准，且内控制度和运行须符合《基金管理公司特定客户资产管理业务试点办法》（证监会令第 83 号）的规定。

③ 华能信托—开源—世茂住房租赁资产支持专项计划中，华能贵诚信托有限公司作为计划管理人，由世茂集团作为原始权益人，开源证券作为交易安排人，招商银行作为财务顾问，该产品储架规模 10 亿元，期限 20 年。

④ 见《证券投资基金法》第九条。

⑤ 见《信托法》第二十五条。

⑥ 见《资产证券化业务管理规定》第十六条。

由于其兜底的性质，导致该义务难以具体化，不易操作。法律和约定的精确性行为准则不可能涵盖专项计划运行期内可能出现的所有问题及风险，因此仅被动式地履行法律和约定的管理人义务，仅做到“形式合理”无法满足勤勉义务的要求，必然导致管理人因满足“形式要求”而无法真正落实和发挥管理人的功能和作用。然而，计划管理人的权限也不宜无限扩大，且其行为的目标应是最大程度维护专项计划投资人的合法权益，因此，如发生了“计划说明书”“标准条款”约定外的事件时，计划管理人应利用信息披露制度，召开资产支持证券持有人大会，并在取得必要的授权或向投资人进行必要披露后采取行动措施，以应对相关事件或风险。

2. 尽职调查义务

为开展专项计划业务，计划管理人的首要工作是对各参与方及基础资产开展尽职调查工作。为此，证监会在《证券公司及基金管理公司子公司资产证券化业务尽职调查工作指引》(以下简称《资产证券化业务尽职调查工作指引》)中对计划管理人开展尽职调查的范围和标准做了详细规定，计划管理人须按规定分别对业务参与人及基础资产进行尽职调查并保留底稿，以确保专项计划设立，运行的合法、合规。

3. 信息披露义务

信息披露制度保护的是资产支持证券持有人的知情权。根据《资产证券化业务管理规定》及其附件《信息披露指引》的规定，计划管理人应就基金合同、“招募说明书”等内容向投资者进行相应的披露。除此之外，计划管理人还需根据“计划说明书”“标准条款”等约定的方式(以书面、邮件或召开持有人大会等方式)向资产支持证券持有人披露双方约定的特殊事项，这些事项通常包括:收益分配事项发生变更的情况，涉及专项计划财产的重大诉讼、仲裁情况，资产支持证券净值、主要财务指标及投资组合，基础资产情况，中介机构出具的报告或意见，管理和运营情况、投资项目情况及其他业务和财务情况，影响资产支持证券持有人利益的其他重大信息。

对于特殊的基础资产，监管部门往往对信息披露的方式、程度等有专门要求，比如基础资产涉及 PPP 项目的，计划管理人除需履行上述披露义务外，还需根据三大交易所发布的《政府和社会资本合作(PPP)项目资产支持证券信息披露指南》的规定进行特别披露。对于基础资产涉及应收账款的，应根据相应的《企业应收账款资产支持证券信息披露指南》的规定进行特别披露等。

4. 监管规则规定的其他义务

除上述义务和职责外，计划管理人应当履行监管规则规定的其他义务。如《资产证券化业务管理规定》第十二条至第十九条中规定了从专项计划设立到清算中各个阶段计划管理人应履行的职责；又如基金业协会在其发布《资产支持专项计划备案管理办法》中要求基金管理人履行的职责，计划管理人必须一一执行，否则计划管理人将面临被监管部门行政处罚或被基金业协会取消会员资格的风险。

第二节 特殊目的载体

【基本解读】

在企业资产证券化中，资产支持专项计划（“专项计划”），即计划管理人设立的特殊目的载体，是开展资产证券化业务的必要载体，也是连接资产证券化业务各参与方的核心主体。我国资产证券化业务中有关特殊目的载体的定义出自《资产证券化业务管理规定》第四条：“证券公司、基金管理公司子公司通过设立特殊目的载体开展资产证券化业务适用本规定。前款所称特殊目的载体，是指证券公司、基金管理公司子公司为开展资产证券化业务专门设立的资产支持专项计划或者中国证监会认可的其他特殊目的载体。”

资产证券化作为一种现代融资工具，其基本制度核心是“真实出售”与“破产隔离”，而特殊目的载体即专项计划，是贯彻和承载该两项制度的基本结构要素。在典型的资产证券化业务中，认购人将认购资金交付给专项计划，并由专项计划以自己名义购买原始权益人拥有的基础资产，同时取得专项计划发行的资产支持证券；专项计划（由计划管理人作为买方）以认购资金向原始权益人购买基础资产，基础资产被出售后，原始权益人获得交易对价，专项计划取得基础资产的所有权；管理人则通过对专项计划的管理确保证券化业务的正常运行，并负责将基础资产产生的收益向投资者进行分配。在此结构下，专项计划作为特殊目的载体，虽是典型的法律拟制主体，通过以自己的名义持有基础财产独立于原始权益人和计划管理人等交易参与方，从而阻却、隔断了源于原始权益人、计划管理人的各类风险。

【专项计划的代表】

专项计划作为拟制法律主体，本身并不能直接做出“意思表示”，因此由计划管理人代表专项计划从事各种民事行为。专项计划债权的实现及债务的处理均须由计划管理人按专项计划合同代为执行，专项计划资产本身也由计划管理人代为持有。与专项计划有关的诉讼，也由计划管理人代为实施。

【专项计划的资产及债权债务】

根据《资产证券化业务管理规定》第五条，因专项计划资产的管理、运用、处分或者其他情形而取得的财产，归入专项计划资产。因处理专项计划事务所支出的费用、对第三人所负债务，以专项计划资产承担。专项计划资产独立于原始权益人、管理人、托管人及其他业务参与人的固有财产。原始权益人、管理人、托管人及其他业务参与人因依法解散、被依法撤销或者宣告破产等原因进行清算的，专项计划资产不属于其清算财产。在专项计划资产的独立性方面，《资产证券化业务管理规定》与《证券投资基金法》第五条，《信托法》第十五条、第十六条的规定基本一致。

根据《资产证券化业务管理规定》第七条，管理人管理、运用和处分专项计划资产所产生的债权，不得与原始权益人、管理人、托管人、资产支持证券投资者及其他业务参与人的固有财产产生的债务相抵销。管理人管理、运用和处分不同专项计划资产所产生的债权债务，不得相互抵销。因此，对于专项计划的债权债务由专项计划本身的资产承担，这也符合《证券投资基金法》第六条、《信托法》第十八条的规定。

第三节 原始权益人

【基本解读】

原始权益人是资产证券化业务中的独有名词，其正式定义见《资产证券化业务管理规定》第六条："原始权益人是指按照本规定及约定向专项计划转移其合法拥有的基础资产以获得资金的主体。"具体而言，原始权益人是证券化基础资产的原始所有者，是按照相关规定及约定向资产支持专项计划转移其合法拥有的基础资产以获得资金的主体。

资产证券化的最初动因就始于原始权益人提高资产流动性的需要，因此原始权益人通常是资产证券化项目的发起人。在一个典型的资产证券化产品结构中，原始权益人通常担任的角色包括：基础资产原始所有者/出售方、基础资产的原始所有人与设立特殊目的载体的委托人，以及资产证券化成立后的资产服务机构（并非必须）。在大部分情况下（除"双 SPV 结构"外），原始权益人既是资金需求方，又是资产证券化项目的最大受益人。

就其业务经营可能对专项计划以及资产支持证券投资者利益产生影响的程度，原始权益人可分为"特定原始权益人"和"一般原始权益人"，其中"特定原始权益人"是指"业务经营可能对专项计划以及资产支持证券投资者的利益产生重大影响的原始权益人"①。

① 见《资产证券化业务管理规定》第十一条。

【原始权益人需要具备的条件】

(1)除“特定原始权益人”外,《资产证券化业务管理规定》未明文设置原始权益人应当具备的条件,理论上讲只要是依法设立的工商企业并拥有符合要求的,可以合法转让的基础资产,都可以作为原始权益人。但事实上,目前国内资产证券化项目中原始权益人的自身条件相当重要,这不仅体现大多数项目中的原始权益人兼任资产服务机构,原始权益人不仅是次级档资产支持证券的实际持有人,还提供流动性支持等增信措施;而且由于基础资产的净现金流普遍不足,资产证券化产品仍需依赖原始权益人及其关联机构的主体信用(即实际凭借原始权益人的主体信用融资),因此原始权益人的门槛并不低。综合监管部门对资产支持证券的基础资产性质、基础资产现金流来源、原始权益人本身承担的义务及兼任的交易角色的关注要点,原始权益人至少需要具备以下条件:

①以企业应收账款债权为基础资产或基础资产现金流来源所发行的资产支持证券,原始权益人最近两年不存在因严重违法失信行为,被有权部门认定为失信被执行人、失信生产经营单位或者其他失信单位,并被暂停或限制进行融资的情形。①

②基础资产现金流来源于原始权益人经营性收入的,原始权益人应具备持续经营能力,以及良好的盈利能力、业务经营前景、偿债能力等。

③原始权益人承担差额补足、资产回购等增信义务的,需要具备与之相称的资产负债状况、偿债能力、资产质量和现金流情况。

④原始权益人作为资产服务机构的,应具有相关业务管理能力,包括规则、技术与人力配备。②

(2)对“特定原始权益人”而言,除前述所列条件外,还需要符合《资产证券化业务管理规定》所规定的以下条件:

---

① 见《上海证券交易所企业应收账款资产支持证券挂牌条件确认指南》第十五条、《深圳证券交易所企业应收账款资产支持证券挂牌条件确认指南》第十五条。

② 见深圳证券交易所《投资者服务热线专栏第377期》(2017年12月26日)。

①生产经营符合法律、行政法规、特定原始权益人公司章程或者企业、事业单位内部规章文件的规定。

②内部控制制度健全。

③具有持续经营能力，无重大经营风险、财务风险和法律风险。

④最近3年未发生重大违约、虚假信息披露或者其他重大违法违规行为。

⑤法律、行政法规和中国证监会规定的其他条件。

【原始权益人的职责和义务】

原始权益人是基础资产的初始所有人，与特殊目的载体之间存在基础资产的买卖(转让)关系。原始权益人通过买卖合同向特殊目的载体转让基础资产，并向特殊目的载体让渡债务人直接向其偿付债务的权利。因此，原始权益人的职责和义务主要是基于其作为基础资产出售人而产生的，包括对基础资产本身的承诺、履行基础资产移交义务，以及为资产证券化业务服务机构提供配合等职责。

根据《资产证券化业务管理规定》的相关条款，原始权益人的职责主要包括：

(1)依照法律、行政法规、公司章程和相关协议的规定或者约定移交基础资产。

(2)配合并支持管理人、托管人，以及其他为资产证券化业务提供服务的机构履行职责；专项计划法律文件约定的其他职责。

与之相对应，原始权益人的义务主要包括：

(1)不得侵占、损害专项计划资产。

(2)向管理人等有关业务参与人所提交的文件应当真实、准确、完整，不存在虚假记载、误导性陈述或者重大遗漏。

(3)确保基础资产真实、合法、有效，不存在虚假或欺诈性转移等任何影响专项计划设立的情形①。

对于特定原始权益人而言，还须遵守“在专项计划存续期间，应当维持正常的生产经营活动或者提供合理的支持，为基础资产产生预期现金流提供必要的保障。发生重大事项可能损害资产支持证券投资者利益的，应当及时书面告知管理人”等要求。

对于基础资产必须由原始权益人进行控制和运营的资产证券化项目，监管部门要求原始权益人履行更多的职责并承诺更多义务。如在政府和社会资本合作（PPP）项目资产证券化业务中，原始权益人须合理设计资产证券化产品的发行交易结构，在基础资产与原始权益人资产之间做好风险隔离；配合中介机构履行基础资产移交、现金流归集、信息披露、提供增信措施等相关义务，不得通过资产证券化改变控股股东对 PPP 项目公司的实际控制权和项目运营责任，实现变相“退出”，影响公共服务供给的持续性和稳定性。②

第四节　资产服务机构

【基本解读】

资产服务机构，是指受计划管理人委托，对基础资产进行经营、管理，确保基础资产按约定产生独立、稳定现金流并收取现金流的机构。资产服务机构承担证券化基础资产的管理、运营与服务责任，服务期限从资产支持专项证券发行到专项计划终止之日的整个期间。资产服务机构的职责是收取基础资产产生的本金和利息现金流，负责相应的监督、保管，并收取的这些本金

① 见《资产证券化业务管理规定》第九条、第十条。

② 见《关于规范开展政府和社会资本合作项目资产证券化有关事宜的通知》（财金〔2017〕55 号）。

和利息现金流到期本息交给专项计划,对过期欠款进行催收确保资金及时、足额到位,向受托人和投资人提供有关出售或者作为抵押的特定资产组合的定期财务报告(包括收支资金来源、应支付费用、纳税情况等必要信息)①。

【资产服务机构的主要服务】

从内容上看,资产服务机构的主要服务可以分为以下三个方面:

1. 资产管理

资产服务机构负责对基础资产状况进行监控,一旦获知基础资产项下付款方出现可能影响或无法支付可用性付费的重大情形,或者影响基础资产债权实现的其他情形,应当及时通知计划管理人。

2. 资金划付

在专项计划存续期内,资产服务机构有义务按约定直接收取基础资产所产生的现金流并划付至专项计划收款账户资金。

3. 资产池监控

在基础资产构成资产池的情况下,资产服务机构需对已向计划管理人转让的资产池进行(实时)监控,并根据计划管理人的要求随时提供相关数据。

除此之外,计划管理人往往要求资产服务机构定期出具报告,说明报告期内是否发生资产服务机构解任事件、可用性付费的支付情况、涉及基础资产诉讼进展等情况。

资产服务机构对基础资产的管理,确切地说应该是对确保基础资产产生现金流以及对现金流本身划付的监督,并非直接对相应收费权、特许经营权等进行运营以产生现金流。因此,资产服务机构理论上仅需要资金管理、资金催收能力,并匹配相应的内控制度,还对基础资产的运营(如基础设施、PPP的运营、融资融券业务的开展等),仍应由具有相应资质或取得特许经营权的原始权益人开展。但由于原始权益人拥有现成的资产信息等系统以及相应的客户关系,负责证券化资产出售后继续管理资产的资产服务机构,通

① 见《资产证券化业务知识问答》(2017年12月1日)。

常由原始权益人担任，或者由其附属公司担任[①]。在此情况下，资产服务机构通常不再另行收取服务费用。

资产服务机构与原始权益人之间的身份混同，对资产服务机构应当履行的对基础资产现金流进行监督的职责显然具有不利影响，可以说风险隔离或独立提供服务的目的基本无法达到的。有观点认为，中国资产证券化市场将经历“抵押债券”（强担保、弱基础资产管理）、“专业资产服务商”（担保作用弱化、基础资产管理权重上升）及“资产信用主导与内部自循环”（完全依靠基础资产管理产生现金流）三个阶段，国内目前正在由第一阶段向第二阶段转变，并开始了第二阶段的探索。

当前资产证券化尚不能完全摆脱对原始权益人的依赖，不仅需要考察和评估原始权益人的主体信用，还需要原始权益人兼任资产服务机构，以继续管理和维持基础资产，包括但不限于现金流的回流归集及转付等。然而正是由于原始权益人与基础资产之间无法回避的操作安排，导致资产证券化核心法律特征“破产隔离”面临法律挑战，特别是在原始权益人面临破产风险时，尤为明显（有关“破产隔离”的相关法律实务问题，可见本书第三章的专题论述，此处不再赘述）。

第五节　销售机构

【基本解读】

资产支持证券的销售机构通常是设立和管理专项计划的管理人。计划管理人向有投资需求的投资者销售资产支持证券，投资者通过签订认购协议

① 见《资产证券化业务知识问答》（2017年12月1日）。

购买资产支持证券，成为资产支持证券持有人。计划管理人在销售过程中，须制作风险揭示书以充分揭示投资风险，并在接受投资者的认购资金前确保投资者知悉、了解风险揭示书中的内容及在揭示书上签字，否则将产生违规的不利后果。

计划管理人销售资产支持证券的，将在发行公告中确定销售时间。销售期间，当认购人认购的资金总额达到认购协议中约定的目标发售规模，且各档次资产支持证券分别达到其目标发售规模后，计划管理人可以提前终止销售期间。在中介服务机构——会计师事务所对托管账户中的资金验资合格后，专项计划成立。专项计划成立后，计划管理人有义务将专项计划的销售、设立情况和验资报告报基金业协会备案，同时抄送对计划管理人有辖区监管权的中国证监会派出机构。

【其他销售机构】

实践中，资产证券化项目不排除由计划管理人之外的专业销售机构来进行承销和推广。例如在“银河大庆供热资产支持专项计划”中，计划管理人为银河资本资产管理有限公司，资产支持证券的主承销商则是银河资本资产管理有限公司的关联企业中国银河证券股份有限公司，由其进行销售推广。对于除计划管理人以外的其他专业销售机构来说，其销售资产支持证券亦须遵守相关的金融产品销售管理规定。

在上述“银河大庆供热资产支持专项计划”中，中国银河证券股份有限公司接受产品发行人（计划管理人）的委托，销售金融产品或者介绍金融产品购买人的行为须按照《证券公司代销金融产品管理规定》（证监会公告〔2012〕34号）执行。

第六节　托管机构

【基本解读】

托管机构是资产证券化的必要参与方之一，为了资产支持证券持有人的利益，按照规定或约定对专项计划的相关资产进行保管，并且监督专项计划运作的商业银行或者其他机构。并非任何机构都可以从事专项计划资产的托管业务，根据《资产证券化业务管理规定》第八条："专项计划资产应当由具有相关业务资格的商业银行、中国证券登记结算有限责任公司、具有托管业务资格的证券公司或者中国证监会认可的其他资产托管机构托管。"

【托管机构的主要职责】

托管机构的主要职责是安全保管专项计划相关资产，除此之外，还具有监督计划管理人对专项计划的运作、出具资产托管报告等职责。计划管理人可以在"计划说明书"、《托管协议》中另外约定托管机构的其他职责。

托管机构如何保管专项计划的资产？在资产证券化项目中，通常设立两类银行账户——托管账户和监管账户。托管账户是以计划管理人的名义开立的专项计划账户，用于接受监管账户转付的基础资产的回款，并根据计划管理人的指令通过支付代理机构向证券持有人分配收益和本金，专项计划的一切货币收支活动，包括但不限于自募集专用账户接收认购资金、支付基础资产购买价款、接收基础资产的回收款、接收和划付专项计划利益、支付专项计划费用以及合格投资，均必须通过托管账户进行。此种归集和支付安排的主要目的是为了保护专项计划的现金资产。除保管专项计划资产外，托管机构还需对其托管业务及托管情况定期出具托管报告。托管报告的内容应包含专项计划资产的托管情况，对计划管理人的监督情况，如计划管理人的管理指令是否遵守“计划说明书”、《托管协议》约定的情况及对资产管理报告有关数据的复核情况等。[①]

托管机构对计划管理人的监督主要体现在专项计划运作的过程中，托管机构如果发现计划管理人的行为违反了“计划说明书”或者《托管协议》约定的，应要求计划管理人改正；计划管理人未能改正的，应当拒绝执行管理人的指令并且及时向基金业协会报告，同时抄送对计划管理人有辖区监管权的中国证监会的派出机构[②]。这种监督是双向的，计划管理人也会对托管机构的履责情况进行监督，如果发生了任何约定的解任事件，计划管理人则可以通知所有的资产证券持有人，通过有控制权的资产支持证券持有人大会做出解任托管机构的决议。

第七节　监管机构

【基本解读】

监管机构是指接受计划管理人的委托，对专项计划基础资产现金流汇入归集的银行账户(通常是以原始权益人或资产服务机构名义开立)进行监管的法律主体。一般而言，即为该等银行账户所在的商业银行或其分支机构。

自专项计划设立之日起，资产证券化产品的基础资产或底层资产产生的现金流应当全额归集至专项计划账户。然而由于某些基础资产的特性(例如

① 见《资产证券化业务信息披露指引》第十六条。
② 见《证券公司及基金管理子公司资产证券化业务管理规定》第二十二条。

收益权类基础资产)，基础资产所形成的现金流无法直接由应付方付至专项计划账户，而只能先行付至原始权益人账户，再由原始权益人(作为资产服务机构)归集转付至专项计划账户。在此类资产证券化产品中，会将原始权益人开立的、用于接收其现金流收入的资金账户设定为监管账户，以监管、记录、划付专项计划资产产生的回收款，并在约定时间归集并转至托管账户。监管账户设立的目的主要是为了监督原始权益人(同时作为资产服务机构)对基础资产现金流回收、归集及转付的履行情况，也意欲通过开立监管账户建立起一个相对封闭、独立的基础资产现金流的轨迹机制，有助于防范资金挪用、资金混同等风险。对于专项计划而言，也是在基础资产或基础资产现金流无法与原始权益人隔离的前提下，通过设立监管账户的方式，将该账户及账户资金与原始权益人的其他账户及资产进行隔离的措施与安排。

在监管期间，监管机构如发现或收到任何第三方对监管账户做出索偿或任何行动的通知时，其将在不违反法律、法规有关规定的前提下及时通知计划管理人和资产服务机构；在约定的拒付情形发生时，根据计划管理人的指令，监管机构可以拒绝相应的拨付指令，以保障基础资产现金流的安全。监管机构在行使其监管职能时，同托管机构一样，也要受到计划管理人的监督，计划管理人在发现监管机构的行为违反监管协议等约定时，应及时以书面形式通知监管机构限期纠正，监管机构如在收到通知后未能限期纠正的，计划管理人有权解任监管机构并依据约定要求监管机构承担违约责任。

对于专项计划的参与方而言，虽然监管账户是开立在原始权益人或资产服务机构的名义下，但监管账户内归集的资金仍属于专项计划的资产范畴，原始权益人、资产服务机构、计划管理人等均无权擅自动用监管账户内的资金。然而对于专项计划以外的第三人而言，此等安排是否能对抗第三人，特别是原始权益人的债权人对以原始权益人(资产服务机构)名义开立的监管账户及监管账户内资金的追索，不仅涉及法律规定之间的冲突，而且司法实践中对此问题的判断与处理也多有争议(有关此点引发的法律争议及相关司法实践，可见本书第三章的专题论述，此处不再赘述)。

第八节 登记托管机构

【基本解读】

登记托管机构是指为资产证券化提供登记、托管、交易过户、收益支付职能的机构。对于企业资产证券化而言，具体所指的登记托管机构是中国证券登记结算有限责任公司。

【工作内容与职责】

在专项计划设立后，资产支持证券需要按照有关规定进行登记和托管。计划管理人委托登记托管机构办理资产支持证券的登记托管业务的，应当与登记托管机构签署《证券登记及服务协议》《委托代理资产支持证券兑付、兑息协议》及其他相关协议（以下统称"登记托管协议"），明确双方在资产支持证券持有人账户管理、证券注册登记、结算等事宜中的权利和义务，以保护资产支持证券持有人的合法权益。登记托管协议是专项计划备案后，计划管理人申请资产支持证券在交易所挂牌转让时的必备文件之一。

登记托管协议的格式由登记托管机构制定，根据该等协议条款，登记托管机构提供的资产支持证券登记及相关服务主要包括：资产支持证券的初始登记、变更登记、证券持有人名册服务、权益派发、查询、退出登记及其他服务。计划管理人须遵守登记托管机构的各项业务规则并支付兑付、兑息的代理手续费。

登记托管协议签订后，登记托管机构将在按照约定好的兑付日，按期将该次资产支持证券持有人获付款项划拨至各结算参与人的结算备付金账户，各结算参与人根据登记机构结算数据中的资产支持证券持有人获付款项明细数据，于兑付日将相应款项划拨至资产支持证券持有人的资金账户中。

第九节　其他中介服务机构

【信用评级机构】

在资产证券化的过程中，信用评级是不可或缺的重要环节。信用评级的结果不仅能反映优先级资产支持证券的风险水平，还能直接影响资产支持证券的发行利率。根据《中华人民共和国证券法》（以下简称《证券法》）第一百六十条以及《证券市场资信评级业务管理暂行办法》的相关规定，开展资产支持证券评级业务的，评级机构应当满足证监会对证券市场资信评级业务资格的资质要求，取得相应的“证券市场资信评级业务许可证”。

信用评级机构通过收集资料、尽职调查、信用分析、信息披露及后续跟踪，对原始权益人的基础资产的信用质量、产品的交易结构、现金流分析与压力测试进行把关分析得出数据，对资产支持证券做出初始评级及跟踪评级。信用等级的评定能够为投资者提供重要的参考依据——根据信用评级机构做出的评定，做出的对证券信用质量的评估，有利于保护投资者权益，起到了信用揭示功能。信用评级机构开展对资产支持证券评级业务时，尽职调查、出具评级报告、信息披露等行为均适用《证券市场资信评级机构评级业务实施细则（试行）》（中证协发〔2016〕115 号）的相关规定。

信用评级机构除了对资产支持证券的信用状况进行初始评级和跟踪评级外，也需要及时发现资产证券化过程中任何潜在的新风险因素。根据《资产证券化业务信息披露指引》第十一条的规定，由信用评级机构对资产支持证券出具的信用评级报告应当包括但不限于以下内容：

(1)评级基本观点、评级意见及参考因素;

(2)基础资产池及入池资产概况、基础资产(池)信用风险分析;

(3)特定原始权益人的信用风险分析及法律风险分析;

(4)专项计划交易结构分析;

(5)管理人、托管人等服务机构的履约能力分析;

(6)现金流分析及压力测试;

(7)跟踪评级安排。

此外,对于设置循环购买的交易,还需对基础资产的历史表现进行量化分析。

在评级对象有效存续期间,评级机构应当在资产支持证券存续期内每年的6月30日前向合格投资者披露上年度的定期跟踪评级报告,并应当及时披露不定期跟踪评级报告。①

【律师事务所】

律师事务所作为资产证券化发行过程中的重要中介,须对发起人及基础资产的法律状况进行评估和调查,对其他项目参与者的权利和义务进行明确,需拟定交易过程中的相关协议和法律文件,并提示相关法律风险,提供法律相关建议,确保项目的合法合规并出具法律意向书。

《资产证券化业务信息披露指引》第十条中对与律师事务所的工作内容及范围做了规定,管理人应当聘请律师事务所对专项计划的有关法律事宜发表专业意见,并向合格投资者披露法律意见书,包括但不限于以下内容:

(1)管理人、销售机构、托管人等服务机构的资质及权限;

(2)"计划说明书"《资产转让协议》《托管协议》《认购协议》等法律文件的合规性;

(3)基础资产的真实性、合法性、权利归属及其负担情况;

(4)基础资产转让行为的合法有效性;

① 见《信息披露指引》第十七条。

(5)风险隔离的效果；

(6)循环购买(如有)安排的合法有效性；

(7)专项计划信用增级安排的合法有效性；

(8)对有可能影响资产支持证券投资者利益的其他重大事项的意见。

除此之外，资产证券化项目的标准条款及资产转让协议等各项交易文件通常由律师协助承销机构进行准备及拟定。

【会计师、审计师】

会计处理工作是资产证券化过程中的重要环节，会计师事务所需要对基础资产财务状况进行尽职调查和现金流分析，提供会计服务和税务咨询服务，同时为实现资产证券化设立的具有特殊目的载体提供审计服务。在专项计划产品发行阶段，会计师需要确保入池基础资产的现金流完整性和信息的准确性，并对现金流模型进行严格的验证，确保产品得以按照设计方案顺利偿付。

对于持续存续的资产支持证券，《资产证券化业务信息披露指引》要求计划管理人应在每期资产支持证券收益分配日的两个交易日前向合格投资者披露专项计划收益分配报告，每年 4 月 30 日前披露经具有从事证券期货相关业务资格的会计师事务所审计的上年度资产管理报告。会计师事务所需要定期对资产证券化项目的相关内容进行审计，确保资产管理报告等能够被准确、及时地披露给投资者。

【资产评估机构】

资产评估机构负责对资产支持专项计划的基础资产的价值出具评估报告，但并非每个资产支持专项计划项目都需要资产评估机构的参与。《资产证券化业务风险控制指引》第六条特别规定了对不动产等专业性较强的基础资产价值的评估，管理人应当委托符合条件的专业资产评估机构出具评估报告。此外，基础资产为不动产的，发生收购或者处置等影响基础资产价值的重大事项时应当进行评估。

第十节 资产支持证券投资人/持有人

【基本解读】

资产支持证券投资人包括投资购买计划管理人发行的资产支持证券的投资人和在资产支持证券交易流通过程中取得资产支持证券的其他投资人。资产支持证券持有人包括前述两种投资者通过认购或受让资产支持证券成为资产支持证券持有人。持有人根据《认购协议》"计划说明书""标准条款"及相关协议附件行使权利。

资产支持证券的认购人，或者资产支持证券挂牌后的受让人均须具备"合格投资者"身份。《资产证券化业务管理规定》第二十九条，资产支持证券应当面向合格投资者发行，发行对象不得超过200人，单笔认购不少于100万元人民币发行面值或等值份额。合格投资者应符合《私募投资基金监督管理暂行办法》(以下简称《暂行办法》)规定的条件，依法设立并受国务院金融监督管理机构监管，并由相关金融机构实施主动管理的投资计划不再穿透核查最终投资者是否为合格投资者和合并计算投资者人数。

2018年4月27日发布的《资管新规》对合格投资者的定义和范围进行了更新，但该规定不适用于依据金融管理部门颁布规则开展的资产证券化业务。目前就资产支持证券而言，"合格投资者"仍应按照《暂行办法》的规定，是指具备相应风险识别能力和风险承担能力，投资于单只私募基金的金额不低于100万元且符合下列相关标准的单位和个人：

(1)净资产不低于1 000万元的单位；

(2)金融资产不低于300万元或者最近3年个人年均收入不低于50万

元的个人。前款所称的“金融资产”包括银行存款、股票、债券、基金份额、资产管理计划、银行理财产品、信托计划、保险产品、期货权益等。

以下投资者也视为合格投资者：

(1)社会保障基金、企业年金等养老基金、慈善基金等社会公益基金；

(2)依法设立并在基金业协会备案的投资计划；

(3)投资所管理私募基金的私募基金管理人及其从业人员；

(4)中国证监会规定的其他投资者。

【资产支持证券持有人权利】

1. 持有人权利

根据《资产证券化业务管理规定》第二十八条，资产支持证券持有人享有以下权利：

(1)分享专项计划收益；

(2)按照《认购协议》及“计划说明书”的约定参与分配清算后的专项计划剩余资产；

(3)按规定或约定的时间及方式获得资产管理报告等专项计划信息披露文件，查阅或者复制专项计划相关信息资料；

(4)依法以交易、转让或质押等方式处置资产支持证券；

(5)根据证券交易场所相关规则，通过回购进行融资；

(6)《认购协议》或者“计划说明书”约定的其他权利。

2. 持有人行权方式

(1)资产支持证券持有人会议。

持有人可通过资产支持证券持有人会议，按其持有的证券种类及持有证券比例对特定事项行使表决权，具体见词条“持有人大会”中的相关阐述。

(2)基础资产或原始权益人违约后的权利救济。

资产支持证券持有人认购的是专项计划发行的收益凭证，因此，当基础资产出现问题或原始权益人违反相关协议约定时，只有计划管理人有权代表专项计划处理参与谈判、落实增信、提起诉讼或仲裁等事宜，资产支持证券持有人是难以自行直接参与违约问题解决的。

(3)中介机构违约后的权利救济。

虽然资产支持证券持有人无法直接参与与基础资产或原始权益人相关的问题处理,但如专项计划的计划管理人未勤勉履职,或律师事务所、会计师事务所存在虚假记载、误导性陈述或者重大遗漏情形的,持有人则可依据合同及《证券法》《证券投资基金法》《资产证券化业务管理规定》的相关规定要求中介机构承担相应责任。

第十一节 持有人大会

【基本解读】

持有人大会(或称持有人会议),是由资产支持证券的持有人组成,依据标准条款及相关持有人会议规则约定的程序召集和召开,对规定权限范围内的重大事项依法进行审议和表决的会议机制。一般而言,持有人大会做出的决议事项对全体持有人都产生效力和约束力。当持有人人数众多,且对于事项的决议很难达成统一意见时,持有人大会作为一种有效的议事机制,使得集体资产证券持有人的共同意志和利益得到更好的体现和维护。

《资产证券化业务管理规定》第三十条规定,发行资产支持证券,应当在“计划说明书”中约定资产支持证券持有人会议的召集程序及持有人会议规则,明确资产支持证券持有人通过持有人会议行使权利的范围、程序和其他重要事项。

【法律性质】

《资产证券化业务管理规定》的上位法是《证券投资基金法》，专项计划持有人大会制度也遵循该法关于基金份额持有人大会的制度。根据《证券投资基金法》的规定，除基金合同另有约定外，基金份额持有人大会一般行使下列职权：决定基金扩募或者延长基金合同期限，决定修改基金合同的重要内容或者提前终止基金合同，决定更换基金管理人、基金托管人，决定调整基金管理人、基金托管人的报酬标准。同样地，专项计划中这些事项的决定也属于资产支持证券持有人大会的职权范畴，之外还包括资产服务机构、监管银行的更换、发生违约事件及提起诉讼或仲裁等重大事项。

需要注意的是，虽然持有人大会一般为专项计划内部的最高权力机构，但持有人大会不能干涉计划管理人按"计划说明书""标准条款"的约定开展的正常投资行为。

【持有人大会的形式】

不同于《公司法》对股东大会、董事会、监事会等权力机构的召集、表决规则有一个较为完整的框架，《证券投资基金法》《资产证券化业务管理规定》等相关规定中对持有人大会的召集、表决并没有特别具体的要求，尤其是在表决的形式上，可以根据不同的专项计划设计不同的表决规则。

实践中，根据持有人类别的不同，持有人大会也有不同类型。总结"专项计划说明书"中对持有人的约定，持有人大会的形式大致可以分为以下两种：

(1)区分各档次资产支持证券的持有人，达到"共同参会、分类表决"的目的。在该种表决机制下，各档次的未兑付资产支持证券持有人均有权就其对应的该档证券分别进行表决 。该种表决方式在保护小投资人的角度上略占优势，但在解决问题时效率相对较低。因此，以分类表决形式开展持有人大会的情形并不常见。

(2)仅区分"有控制权的持有人大会"和"全体持有人大会"。在一般情况下，召集有控制权的持有人大会；在特殊情况下，召集全体持有人大会。“有控制权的资产支持证券持有人”组成“有控制权的持有人大会”。一般情况下，在优先级资产支持证券本金和预期收益偿付完毕之前，有控制权的资产支持证券持有人是指优先级资产支持证券持有人；在优先级资产支持证券持有人的本金和预期收益偿付完毕之后，有控制权的资产支持证券持有人是指次级资产支持证券持有人。

【持有人大会决议的效力及瑕疵救济】

一般来说，除“计划说明书”或相关文件中另有约定的外，持有人大会做出的决议自表决通过之日起生效。持有人大会做出的生效决议对全体资产支持证券持有人都具有法律约束力。全体资产支持证券持有人应遵守和执行持有人大会做出的生效决议。

在持有人大会决议约束所有人的情况下，非全体持有人一致同意而通过的决议也可能出现侵害到对决议持有反对票的持有人利益的情形。从表决机制上看，持有人大会通过决议基本采取的是资本多数决定方式，遵从少数服从多数的原则，虽然较之全体一致同意通过的方式效率更高，避免了悬而不决，但一般持本次证券份额超过50%者实际上便拥有了决定决议通过与否的权利，份额较少的持有人很难对决议产生影响，并要对可能侵害到其利益的决议遵守和执行。因此，持有人在认购、受让资产支持证券时，应熟悉持有人大会议事规则，并根据认购金额预估持有证券的表决权对未来救济权行使的影响。

第五章

与专项计划有关的定义

第一节　基础资产

【基本解读】

基础资产是指符合法律法规规定，权属明确，可以产生独立、可预测的现金流且可特定化的财产权利或者财产。基础资产可以是单项财产权利或者财产，也可以是多项财产权利或者财产构成的资产组合[①]。

基础资产是整个资产证券化的核心与基石。从本质上来说，资产证券化就是通过依托基础资产所产生的现金流作为偿付支持，并以基础资产的资产质量作为信用依据（通过结构化等方式进行信用增级）的融资方式与行为。

① 见《资产证券化业务管理规定》第三条第一款。

从融资方的视角来看，其将能够持续产生现金流的资产转让给特殊目的载体，并以此与融资人复杂而相对不透明的业务与资信独立，进而以该资产为基础通过特殊目的载体向市场上的投资者发行收益凭证并获取融资；从投资者的视角来看，其可以更多通过考察和评估资产本身的质量状况以及现金流情况，来判断和决定是否参与此资产证券化交易。对于融资方与投资方而言，以基础资产为核心的资产证券化交易模式，有利于增加交易风险的透明度，降低交易成本与风险。

【基础资产的范围与要求】

从我国目前资产证券化的实践与监管要求来看，并非所有可产生稳定、可预期未来现金流的资产均可以作为资产证券化的基础资产。以企业资产证券化为例，现行法律规定与监管部门主要通过"正面列举＋负面清单"模式来明确和限定基础资产的范围。

结合《资产证券化业务管理规定》对基础资产的定义以及第三条第三款对基础资产范围的列举，我们理解符合该规定的基础资产至少应符合如下要求：

1. 合法合规且权属明确

资产的合法合规要求资产的形成或取得、持有及转让均应当符合法律法规要求。这就要求在资产证券化操作过程中，需要对拟作为资产证券化的基础资产进行详细深入地审核，确定该项资产的形成或取得、持有及转让均符合法律法规，不存在法律障碍。资产的权属明确则要求原始权益人对于该项资产的归属与处置不存在现存或潜在的限制或争议，能够确保特殊目的载体确实取得该项资产的相应权利，且该项资产所产生的现金流能够偿付投资者的收益。

2. 具有可转让性且不存在权利负担

资产证券化的前提与核心是特殊目的载体能够取得、拥有和控制基础资产，并以此基础资产产生的现金流偿付投资者的收益，因此作为基础资产的财产或财产性权利应当具有可转让性。在某种程度上，某些财产性权利的转让事实上仅是在原始权益人与特殊目的载体之间创设了一种“债权”。对于此类财产性权利,可转让性事实上是指原始权益人能够不受限制地与特殊目的载体合意创设该“债权”。对于不具有转让性的财产或财产性权利(不论不可转让性是基于法律事实还是客观事实),则不能成为资产证券化项下的合格基础资产。

《资产证券化业务管理规定》第二十四条,基础资产不得附带抵押、质押等担保负担或者其他权利限制,但通过转向计划相关安排,在原始权益人向专项计划转移基础资产时能够解除相关担保负担和其他权利限制的除外。通常而言,关于基础资产不存在权利负担的要求主要基于两个层面的考虑:一是基础资产可能因权利负担的存在而限制了其可转让性;二是基础资产上的权利负担可能影响基础资产未来产生现金流的归属与处置,并进而影响投资者收益或回报的取得。例如,基础资产上若存在抵押或质押等权利负担,则抵押权人或质押权人可能通过行使其抵押权或质押权,从而对基础资产(包括基础资产所产生的现金流)进行处置并取得优先分配的权利,最终导致资产支持证券的投资者无法基于基础资产取得预期的收益或回报。

3. 可特定化

资产的可特定化是指基础资产的边界可被识别与辨认,从而能够将该基础资产与计划管理人、托管人及原始权益人的资产相区别,特别是原始权益人拥有的同质资产。例如以企业应收账款作为基础资产,则需要对转让给特殊目的载体的基础资产(包括后续基于该基础资产产生的现金流)进行标记,以将基础资产与回收的现金流进行一一对应。以避免出现资产或现金流混同的情形。

4. 可产生持续、稳定的现金流

资产可产生持续、稳定的现金流是决定以该资产为依据进行证券化融资的重要因素。一方面,资产产生的现金流需要能满足和覆盖资产证券化过程中的成本费用以及投资者的收益回报;另一方面,该等满足与覆盖应当与成本费用及收益回报的期限相匹配,关键在于现金流的持续性及稳定性,因此只具有变现价值的资产并不适合作为资产证券化的基础资产,而若基础资产产生的现金流不具有持续性或稳定性,也需要通过架构设计对现金流进行重新构造，以满足可产生持续、稳定的现金流的标准。例如对于以教育费用、商场租金及门票收入作为基础资产的话，考虑到该等基础资产所产生的现金流因现实情况无法做到持续稳定，在实践操作中，通常会引入“双SPV结构”，引入信托计划向原始权益人发放信托贷款，并以信托计划收益权作为基础资产，以该等收入作为信托贷款还款的担保依据，从而构造一项具有持续稳定现金流的基础资产。

第二节　不合格资产/问题资产

【基本解读】

在资产证券化业务中，为保护投资者人的利益，原始权益人转让给专项计划的基础资产必须满足双方约定的合格标准。如果基础资产在入池时点或转移时点不符合格标准的内容，则此类基础资产将被认定为不合格资产或问题资产，需由委托人/资产卖方按照交易文件的约定进行赎回或替换。

合格标准是交易各方在组建资产池时设定的筛选基础资产的重要标准。合格标准的设定与判断通常情况下会基于以下两个因素：

(1)符合对特定基础资产的特定要求；

(2)满足资产证券化结构本身的风险控制。

【不同种类资产支持证券的合格标准】

为了辨别及剔除不合格资产或问题资产，就有必要对合格资产的标准加以认识和确定。在过去的几年中，上交所、深交所针对部分类型的资产支持证券分别发布了不同的挂牌条件指南，已经发布的挂牌条件指南有《基础设施类资产支持证券挂牌条件确认指南》《应收账款资产支持证券挂牌条件确认指南》《融资租赁债权资产支持证券挂牌条件确认指南》以及《政府和社会资本合作(PPP)项目资产支持证券挂牌条件确认指南》。前述各项指南对相应种类资产支持证券的基础资产也提出了有针对性的合格要求。除须满足基础资产合格标准的一般要求(包括但不限于资产界定应清晰化、特定化、合法合规及具有独立稳定可预测的现金流要求等)外,两交易所对不同基础资产均给出了不同的合格性标准要求。

以《基础设施类资产支持证券挂牌条件确认指南》为例,其要求基础设施类资产支持证券的基础资产、底层资产及相关资产应当已按相关规定履行必要的审批、核准、备案、登记等程序;基础资产、底层资产的运营应当依法取得相关特许经营等经营许可或其他经营资质,且特许经营等经营许可或其他经营资质应当能覆盖专项计划期限;基础资产现金流应当基于真实、合法的经营活动产生,形成基础资产的法律协议或文件(如有)应当合法、有效,价格或收费标准符合相关规定。基础资产不属于《资产证券化基础资产负面清单》列示的范畴;原始权益人应当合法拥有基础资产。基础资产系从第三方受让所得的,原始权益人应当已经支付转让对价,且转让对价应当公允。

在《融资租赁债权资产支持证券挂牌条件确认指南》中,以融资租赁债权作为基础资产发行资产支持证券,需要符合基础资产及租赁物均不得附带抵押、质押等担保负担或者其他权利限制。已经存在抵押、质押等担保负担或者其他权利限制的,应当能够通过专项计划相关安排在原始权益人向专项计划转移基础资产时予以解除;租赁物状况良好,不涉及诉讼、仲裁、执行或破产程序,且应当不涉及国防、军工或其他国家机密;基础资产涉及的融资租赁债权应当基于真实、合法的交易活动产生,交易对价公允,具备商业合理性。基础资产不属于《资产证券化业务基础资产负面清单指引》列示的负面清单范畴,不属于以地方政府为直接或间接债务人、以地方融资平台公司为债务人的基础资产,不存在违反地方政府债务管理相关规定的情形;基础资产涉及的交易合同应当合法有效。出租人应当已经按照合同约定向出卖人支付了租赁物购买价款;出卖人不存在转让租赁物所有权给出租人的抗辩事由。出租人应当已经按照合同约定向承租人履行了合同项下的义务;相关租赁物已按照合同约定交付给承租人;租金支付条件已满足,历史租金支付情况良好;除以保证金冲抵租赁合同项下应付租金外,承租人履行其租金支付义务不存在抗辩事由和抵销情形;按照国家法律法规规定租赁物的权属应当登记的,原始权益人须已依法办理相关登记手续;租赁物不属于依法需要登记的财产类别,原始权益人应当在主管部门指定或行业组织鼓励的相关的登记系统进行融资租赁业务登记,登记的租赁物财产信息应与融资租赁合同及租赁物实际状况相符等。

对于合格标准的设定,除需满足参与资产证券化的一般标准要求外,通常还需根据基础资产的特性及状况,增加相应的检验标准,除此之外,某些资产支持专项计划会根据资产证券化的结构设计等因素设定额外标准(例如“双 SPV 结构”、循环购买或现金流回溯等)。一旦基础资产不再满足合格标准(包括额外的合格标准),即可根据具体情况和严重程度,判定成为不合格资产或问题资产。不合格资产或问题资产不得作为专项计划的资产购买标的。对于已购买的资产而言,如其不再符合合格标准,则通常须由原始权益人进行回购或置换成新的合格资产。

第三节　资产池/模拟资产池

【基本解读】

资产支持专项计划中的基础资产,可以是单项资产,也可以是以资产组合构建的资产池。原始权益人通过对符合合格标准的各项基础资产进行组合、打包,使之成为一个资产池并以该资产池内的组合资产作为证券化资产的标的,并作为现金预测、产品的评级与定价的依据。

【资产池的构建】

专项计划资产池的构建通常需要经过如下步骤：

1. 描绘或确定资产池的框架特征

所谓“资产池的框架特征”，是指根据资产证券化发行需求，针对原始权益人所拥有的资产状况特征，初步确定适合构建资产池，并以此进行证券化。在此阶段，主要是根据资产收益状况、规模及现金流情况，结合拟发行资产证券化的市场需求，包括市场利率标准、发行规模等情况，确定资产池的框架特征。

2. 设定入选资产池的标准(正面清单和负面清单)

在初步确定资产池的框架特征后，需要进一步设定入选资产池的标准(“入池标准”)，通过设定合格标准及不合格标准的方式，分别制定正面清单及负面清单，并以此作为入池资产的确定标准。

3. 从原始权益人处筛选入池资产，构建资产池

根据入选资产池的标准，对原始权益人的现有资产进行筛选，必要时根据标准进行资产改造或重新构建，以符合入池标准。

在资产证券化的后续运作中，计划管理人或服务机构需要持续关注资产池中资产状态的更新，随时处置不再符合入池标准的资产，以确保资产池中的资产始终符合入池标准。特别地，在引入“循环购买”机制的资产证券化中，对于每次进行循环购买的资产，都需要根据入池标准对循环购买的资产进行判定与核查，以确定入池资产符合入池标准。

【模拟资产池机制】

对于某些类别的基础资产而言，由于其自身特性(如期限较短、债务人提前清偿等原因)导致其状态发生变化的周期较为频繁，导致在资产证券化产品申请备案时确定或框定的资产池内资产与资产证券化产品正式发行时会出现较大差异或变化，为解决资产池内资产发生变动的情况以及变化后资产

持续符合入池标准的判定，此类基础资产的资产证券化产品会引入“模拟资产池”（又称为“黑红池”）机制。

所谓“模拟资产池”或“黑红池”机制，就是在资产证券化产品发行过程中两次确定资产池。所谓“红池”，是指产品发行机构向监管机构进行前期审批申请备案时所递交的基础资产池，即模拟资产池；所谓“黑池”，则是在证券化产品实际发行的基础资产池，即真实资产池。在某些基础资产回款快、发行时点不确定的情况下，通过“黑红池”机制，能符合基础资产变动频繁的特性，并使得基础资产变动的状态能及时得到更新关注，降低资产证券化产品发行与运作的风险。两次确定资产池的方式，也使入池资产在申请日与发行日之间的期限内存在变动的便利性以及可利用性。

第四节　资产出表

【基本解读】

资产证券化中基础资产的“真实出售”，是指法律层面上的资产转移与破产隔离，并非严格等同会计上的资产出表。会计意义上的“资产出表”，简单来说，就是将基础资产从原始权益人的资产负债表中某一科目（应收款项或金融资产）中挪出，资产负债表中的货币现金的增加；与之相对应的，特殊目的载体资产负债表中的货币现金减少，某一科目（应收款项或金融资产）增加。

对于原始权益人（特别是金融机构或上市公司）而言，资产出表可以直接优化其财务报表，风险资产、流动比率、速动比率等财务指标都会显著好转。因此，实现资产出表是原始权益人通过资产证券化获取融资之外的另一考虑因素（并非决定因素）。

【资产出表与否的判断】

资产出表与否首先是一个典型的财务问题，不论是否其为金融资产，判断的标准均主要依据现有的企业会计准则。

1. 金融资产的出表

对于金融资产的出表，《企业会计准则第 23 号——金融资产转移》（以下简称《23 号会计准则》）第六条规定，金融资产转移包括下列两种情形：

（1）企业将收取金融资产现金流量的合同权利转移给其他方。

（2）企业保留了收取金融资产现金流量的合同权利，但承担了将收取的该现金流量支付给一个或多个最终收款方的合同义务，且同时满足下列条件：

①企业只有从该金融资产收到对等的现金流量时，才有义务将其支付给最终收款方。企业提供短期垫付款，但有权全额收回该垫付款并按照市场利率计收利息的，视同满足本条件。

②转让合同规定禁止企业出售或抵押该金融资产，但企业可以将其作为向最终收款方支付现金流量义务的保证。

③企业有义务将代表最终收款方收取的所有现金流量及时划转给最终收款方，且无重大延误。企业无权将该现金流量进行再投资，但在收款日和最终收款方要求的划转日之间的短暂结算期内，将所收到的现金流量进行现金或现金等价物投资，并且按照合同约定将此类投资的收益支付给最终收款方的，视同满足本条件。

《23 号会计准则》第七条规定，企业在发生金融资产转移时，应当评估其保留金融资产所有权上的风险和报酬的程度，并分别视下列情形处理：

（1）企业转移了金融资产所有权上几乎所有风险和报酬的，应当终止确认该金融资产，并将转移中产生或保留的权利和义务单独确认为资产或负债。

（2）企业保留了金融资产所有权上几乎所有风险和报酬的，应当继续确认该金融资产。

(3)企业既没有转移也没有保留金融资产所有权上几乎所有风险和报酬的[即除本条(1)(2)之外的其他情形],应当根据其是否保留了对金融资产的控制,分别视下列情形处理:

①企业未保留对该金融资产控制的,应当终止确认该金融资产,并将转移中产生或保留的权利和义务单独确认为资产或负债。

②企业保留了对该金融资产控制的,应当按照其继续涉入被转移金融资产的程度继续确认有关金融资产,并相应确认相关负债。

综上,在实践中,判断金融资产是否出表,通常需要三项测试,即资产转移测试、过手测试及风险报酬转移测试。

2. 非金融资产的出表

对于非金融资产而言,如何判断资产出表,现行企业会计准则未做明确规定。中国证监会于 2007 年修订发布的《公开发行证券的公司信息披露编报规则第 15 号——财务报告的一般规定》第三十四条规定,公司应根据《信贷资产证券化试点管理办法》和《23 号会计准则》,披露金融资产证券化业务的主要交易安排及其会计处理。涉及非金融资产的资产证券化业务,参照《信贷资产证券化试点管理办法》和《23 号会计准则》的有关规定,披露资产证券化业务的主要交易安排及其会计处理。

尽管该规则仅适用于境内上市公司,但在实务操作中过程,一般参照《23 号会计准则》对非金融资产的出表问题进行判断和认定。

第五节　真实出售与破产隔离

【基本解读】

“真实出售”,是指原始权益人将基础资产出售给特殊目的载体,使得特殊目的载体受让取得并实际拥有该基础资产的风险与收益，并有权以该基础资产未来产生的现金流向专项计划的投资人兑付收益。有学者认为，资产的"真实出售"是指将合格资产转让给合格实体的行为，这种行为产生的结果是将已转让的合格资产排除在转让人的财产范围之外[①]；也有学者认为，"真实出售"是指资产证券化的发起人向特殊目的载体转移基础资产（池）或与资产证券化有关的权益和风险，以获得与资产未来现金流相当之现金或收益，使特殊目的载体获得基础资产的权益，使得基础资产被隔离于发起人的信用及破产等风险。[②]

中国证监会投资者保护局和公司债券监管部在2017年发布的《资产证券化业务知识问答（一）》中，对于何为"真实出售"做出了如下答复："原始权益人真正把证券化基础资产的收益和风险转让给了特殊目的载体。基础资产只有经过真实出售，才能够和原始权益人的经营风险相隔离。基础资产一旦实现真实出售，即使原始权益人由于经营不善而破产，原始权益人的债权人和股东对基础资产也没有任何追索权。同样，如果基础资产不足以偿还本息，投资者的追索权也仅限于基础资产，对原始权益人的其他资产也没有任何追索权。"

【真实出售与破产隔离的关系】

从资产证券化制度设计来看，真实出售与破产隔离是一个问题的两面：真实出售是行为方式，而破产隔离是行为效果，真实出售的判断标准即为破产隔离，即基础资产转让至特殊目的载体后，该等基础资产与原始权益人的经营风险产生隔离，不再属于原始权益人的财产范围，不会因原始权益人破产而受到原始权益人股东或债权人的追索。当然从资产证券化的构造与设计来说，基础资产的破产隔离并不仅仅针对原始权益人，同样与计划管理人等其他参与主体等风险隔离，当然此种风险隔离均起源于基础资产的转让行

① 宋晓燕.论资产证券化中"真实出售"的法律问题[J].上海财经大学学报，2007(6)：47－54.

② 李玫，戴月.资产证券化中真实销售立法的比较与借鉴——以美国证券化法为例[J].证券市场导报，2015(12)：65－75.

为。在资产证券化制度设计中，之所以要确保基础资产的真实出售或破产隔离，是因为其目的在于使得特殊目的载体能够合法取得并持有基础资产在法律上的稳定性，并能以此就基础资产所持续产生的现金流向资产证券化的持有者兑付收益。

第六节　资产置换/资产赎回

【基本解读】

所谓“资产置换”，是指原始权益人将其拥有的合格基础资产与资产支持专项计划中的不合格基础资产进行置换。所谓“资产赎回”，是指原始权益人以现金方式将专项计划中的不合格资产进行赎回。

在专项计划建构过程中，合格基础资产是确保专项计划后续产生稳定现金流从而持续运作的前提条件。对于合格基础资产的确定以及持续监控自然成为整个资产证券化运作过程中的重点。当出现不合格基础资产时，需要通过启动资产置换或资产赎回措施对不合格基础资产进行处理，剔除资产证券化的资产池，以防止风险。

【基础资产的确定及监控】

通常对于基础资产的确定及监控，以专项计划所设置的基准日为界分为两个阶段：

1. 资产证券化基准日前

不论是静态资产池还是引入“循环购买”机制的动态资产池，专项计划的基准日都是初步划定入池基础资产的首个重要节点。实践中，在专项计划设立时会对入池的基础资产设定合格标准,并由专项计划的中介机构对拟入池的基础资产是否符合合格标准进行充分尽调,因此对于资产证券化基准日前出现的不合格基础资产,一般会被排除在入池基础资产以外。

2. 资产证券化基准日后

在专项计划的基准日后,由于基础资产本身发生变化导致基础资产不再符合合格标准,或基础资产在基准日前就属于不合格基础资产而在基准日被发现,在此情况下,就需要通过启动资产置换或资产赎回机制,将不合格基础资产剔除资产池,以防止基础资产池未来发生风险影响资产证券化的现金流或收益兑付。

不论是资产置换还是资产赎回,均是对基准日后专项计划资产池中不合格资产的风险处置措施和手段,所不同的是用以处理不合格基础资产的工具到底是同类合格基础资产还是现金。通常而言,在静态资产池模式下,多采用资产置换方式来处理不合格基础资产,避免现金赎回后再以赎回现金重新进行基础资产的重复操作;在引入循环购买机制的动态资产池模式下,多采用资产赎回方式,并在下一个循环购买日统一进行新的合格资产的循环购买。

第七节 专项计划的单 SPV 结构

【基本解读】

SPV,英文全称为“Special Purpose Vehicle”,是为了实现特殊目的而设立的一个法律概念上的实体。如前所述,在资产证券化的实践中,特殊目的载体的种类很多,包括特殊目的信托(SPT)、特殊目的公司(SPC)、特殊目的实体(SPE,也称为资产支持专项计划)。由于 SPT 主要适用于信贷资产证券化，且目前我国基本没有出现真正以 SPC 作为载体发行资产支持证券的情况，因此我们在此主要讨论特殊目的实体（以下统称“SPV”）。

SPV 是资产证券化过程中的核心组成部分。所谓“特殊目的”，是指它的设立仅仅是为了发行资产证券化产品和收购基础资产，不再进行其他的投融资或经营活动；它代表投资者承接基础资产并发行证券化的收益凭证或证券，是整个证券化产品名义上的发行人。SPV 设立后，一方面原始权益人将基础资产真实售予 SPV 可以实现破产隔离；另一方面引入评级机构基于基础资产的盈利能力和现金流稳定性对 SPV 层面分层评级，可以帮助原始权益人突破自身的主体信用限制利用基础资产进行融资。

单 SPV 结构即指一个专项计划中仅设立一个 SPV，SPV 即为专项计划本身。

【基本法律关系】

企业资产证券化中，单 SPV 结构专项计划的基本法律关系如图 1 所示。

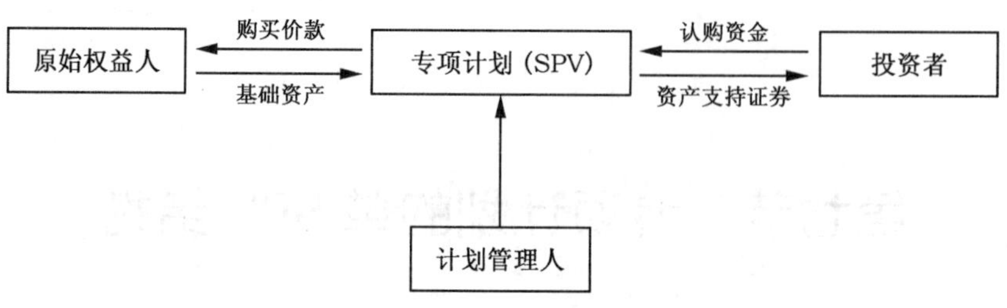

图 1 单 SPV 结构专项计划的基本法律关系示意图

（1）原始权益人与 SPV 之间为买卖法律关系。原始权益人依据资产买卖合同，通过转让基础资产，收取基础资产转让价款获得融资；SPV 依据资产买卖合同，支付基础资产转让价款并取得基础资产。

（2）关于投资者与管理人之间的法律关系，实务界此前存在委托与信托两种观点。主张委托关系的人认为，投资者与管理人之间为委托代理法律关系，管理人受多个投资者委托而代理投资者向原始权益人购买基础资产，各投资者对SPV资产形成按份共有法律关系。主张信托关系的人认为，专项计划实际上是(资金)信托，投资者作为信托的委托人向管理人(作为信托受托人)交付认购资金作为信托财产，取得的资产支持证券为信托受益权的份额化凭证，投资者与管理人之间形成信托关系。近年来，认为专项计划为信托关系的观点有了更多论据。

【SPV的资产归属和风险隔离】

基于投资者与管理人之间的两种不同法律关系，SPV的资产归属和风险隔离效果亦将有明显区别。

SPV自融资人处取得基础资产后，基础资产成为SPV资产。在SPV资产的风险隔离方面，尽管依据《资产证券化业务管理规定》，专项计划资产具有独立性，专项计划的各业务及其他业务参与人因依法解散、被依法撤销或者宣告破产等原因进行清算的，专项计划资产不属于其清算财产[①]。但由于《资产证券化业务管理规定》在效力层级上无法对抗《中华人民共和国破产法》(以下简称《破产法》)，因此仍然存在对破产隔离效果的隐忧，即在管理人破产的情况下专项计划资产可能被认定为管理人的破产财产。

【基于SPV的创新——双SPV结构】

资产证券化对基础资产有以下要求：权属明确，可以产生独立、可预测的现金流的可特定化的财产权利或者财产。但是在实务中，特别是在企业资产证券化业务中，基础资产很多时候达不到上述要求，此时需要重新构建基础资产，以SPV结构来实现现金流的重新构造。

① 见《资产证券化业务管理规定》第五条第二款和第三款。

第八节 专项计划的双 SPV 结构

【基本解读】

资产证券化产品中通常使用单 SPV 结构即可，但部分资产证券化产品出于特殊需求，同时设置了两个特殊目的载体 SPV1 和 SPV2，即双 SPV 结构。在此交易结构中，SPV1 为中间 SPV，主要用来实现基础资产转让和破产隔离功能；而 SPV2 为发行 SPV，主要用于结构化设计发行资产支持证券，如图 2 所示。

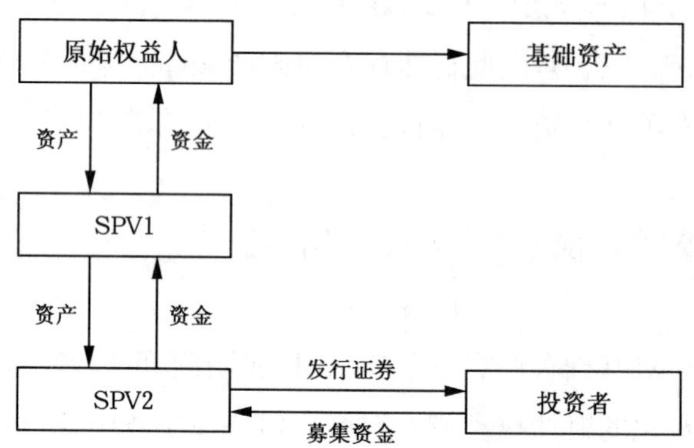

图 2 双 SPV 结构专项计划的基本结构图

在我国，采用双 SPV 结构的主要目的是解决未能清晰特定化的资产作为合格资产的发行需求。根据《资产证券化业务管理规定》，开展资产证券化的基础资产须是权属明确，可以产生独立、可预测的现金流且可特定化的财产权利或者财产。一些基于合同权利获得收入的收益权类资产，如基于租赁关系获得租金、提供服务获得客票款、学费以及进行保障房销售获得的收入都属于与原始权益人经营高度相关的收益权，其本身并非法定权利，而是根据合同权利和交易需求“创制”出来的一种协定权利，其内涵与外延必须依附于基础权利资产的属性，但该等收益权同时具有明显的财产属性。通过设立SPV1（中间SPV），将基础资产由法律上未明确界定的收益权转换为债权，再转让予SPV2，可以实现基础资产现金流的特定化和可预测。

【双SPV结构的常见类型】

双SPV结构化产品目前主要分为类REITs、房产抵押贷款资产证券产品（CMBS/CMBN）和信托受益权类产品。从现有产品的发行量上看，信托受益权类双SPV产品的总体发行量超过了其他两类，但CMBS和REITs产品有逐渐增长的趋势。双SPV产品的内在结构类型主要包括：

1.“信托计划＋资产支持专项计划”

在“信托计划＋资产支持专项计划”的双SPV结构中，借款人将收益权质押取得信托贷款，原始权益人以信托受益权作为基础资产发行资产支持证券，把未来不确定的收益权转化为确定的债权，满足特定化的要求，同时法律上也方便转让。自从2014年海印股份发行第一期信托受益权专项资产管理计划以来，截至目前已发行的受益权专项资产管理穿透之后的基础资产类型多样，涉及学费、机场航空经营收入、保障房销售收入等，均为很难特定化的收益权。信托受益权资产证券化产品可以由出资人发起，也可以由信托机构发起，在这些项目中，信托机构不再单纯做通道，而是更多地参与项目中，协调其他机构共同完成项目发行。

2.“私募基金＋资产支持专项计划”

“私募基金＋资产支持专项计划”交易结构常见于国内的类REITs项目中，通常借助私募基金通过“股权＋债权”的方式收购和控制项目公司（标的物业），再以私募基金份额作为基础资产发行资产支持证券。用“专项计划＋私募基金”的双SPV结构形式，主要为了达到股权收购和债权投资的目的，这样便能够实现对标的资产的间接持有和最终控制。发起人可通过双层结构实现资产和信用增信主体的风险、法律上的隔离，同时也给以后的REITs

公募留出操作空间。

总的来说，双 SPV 结构的资产证券化产品由于其良好的风险隔离和资产特定化的特点，在资产证券化业务的整体交易结构设计中可以灵活适用于多种类型资产，在企业多元化业务经营的融资安排上是一种较为理想的资产证券化设计手段。

第九节 循环购买

【基本解读】

循环购买，是指在资产证券化产品（即各类型的资产支持专项计划）特定存续期内，对于基础资产收回款项产生的现金流除按计划向投资人兑付收益外，其余部分用于持续购买新的满足合格标准的同类基础资产，从而使得专项计划的资产池形成一个动态的循环池，直至特定期间结束。

专项计划的资产池通常是固定的，固定的基础资产持续产生稳定现金流，该现金流能够匹配资产支持证券应兑付的收益，同时随着基础资产的到期回款，证券端的产品也会逐渐兑付本息。在这一模式下，资产证券化产品的存续期限与基础资产的存续期限通常是相对匹配的。然而在实践中，由于某些资产证券化产品的基础资产特别是债权类的基础资产，其存续期（因本身期限到期或债务人提前还款等原因）期限与资产证券化产品的存续期发生期限错配的情况，例如，在以应收款作为基础资产的专项计划中，若应收款的债务人提前偿还的本金超过了专项计划的还本计划，则必然发生资产池中的本金剩余，这些本金如果找不到合适的投资机会对冲将来需要支付的收益缺口，则会发生收益损失。

为解决此类期限错配导致的资产证券化产品可能出现的收益缺口，就需要引入循环购买机制，以专项计划资产池中收回的款项继续购买同类基础资产，从而构成动态循环池，并在专项计划存续期内持续产生现金流，满足资产证券化产品的收益需求。

【循环购买机制下的法律风险】

相较于静态资产池模式，引入循环购买机制的资产证券化产品需要关注如下特别的法律风险：

(1)在循环购买期间，专项计划始终需要购买新的同类基础资产，因而使得资产池内的基础资产始终处于变动状态，这就需要对新购入的基础资产的资料、流动性持续予以关注和监控。在产品的交易结构设计以及交易文件拟定时，一方面需要对于未来拟购买的基础资产设定明确的合格标准，另一方面也需要对原始权益人以及其拥有的基础资产的历史状况进行调查分析，判断后续持续购买同类基础资产的可能性与风险。

在监管层面，《资产证券化业务管理规定》也要求，以基础资产产生现金流循环购买新的同类基础资产方式组成专项计划资产的，专项计划的法律文件应当明确说明基础资产的购买条件、购买规模、流动性风险以及风险控制措施。基础资产的规模、存续期限应当与资产支持证券的规模、存续期限相匹配。

(2)在循环购买期间，专项计划很可能出现无法购买到足够的合格基础资产的情况，因此在产品的交易结构设计以及交易文件拟定时，就需要考虑到设置特定的加速清偿机制，一旦在循环购买期无法购买到足额的合格基础资产导致无法产生足够现金流用以进行资产证券化的收益兑付，就可触发加速清偿机制，从而尽快结束循环购买期并进入摊还期，避免资产证券化产品出现兑付违约风险。

第十节 储架发行

【基本解读】

储架发行，是指证券发行人向证券监管机构提交注册或审核文件后，在随后的时间内持续地发行证券。就资产证券化业务而言，资产支持证券的储架发行是指计划管理人向交易所提交一整套资产支持证券发行文件的同时提交一个总发行期数及发行规模，并在交易所出具的挂牌“无异议函”确定的额度和有效期内，持续发行资产支持证券以募集资金的行为。在该“无异议函”约定的时间内进行分期发行时，无须再次申报审批，只需将每次的发行材料上报备案即可。这样的发行方式极大地缩短了发行审批时间，提高了发行的效率。

【储架发行的业务规则】

上交所、深交所针对储架发行资产证券化项目分别制定了相应的规则。其中：

在深交所开展储架发行业务，需要满足的条件包括：

(1)各期资产支持专项计划交易结构相同，基础资产具有较高同质性、质量优良，相关参与主体资信良好、履约能力较强。

(2)申报材料中应当明确拟发行总额、发行期数、各期发行规模及期限。

(3)首期资产支持专项计划的挂牌申请文件应当在“无异议函”出具之日起 6 个月内向深交所正式提交，最后一期应当在“无异议函”有效期内提交，

"无异议函"有效期最长不超过24个月[①]。

上交所则对资产证券化项目中"一次申报、分期发行"(即储架发行)的项目基本条件、申请文件以及相关备案程序等进行了明确规定。拟采取储架发行模式的资产证券化项目,其基础资产、原始权益人、增信主体、管理人均应符合相应标准,"计划说明书"应对发行的总体安排、发行期数及各期规模等进行说明,"法律意见书"应对相关主体是否符合《资产证券化业务知识问答(三)》所列要求以及各期基础资产的尽职调查安排(包括但不限于开展时点、方法、内容、范围、程序等)进行说明。

较之深交所业务问答,《资产证券化业务知识问答(三)》对(储架发行)模式的规定及要求标准精细很多,对项目实践的指导更具可操作性。但《资产证券化业务知识问答(三)》属于证券交易所的发行规则,效力层级较低,随着中国资产证券化市场的日渐成熟,将来不排除会有更高层级、更精细化的规定出台。

【储架发行的产品特点】

从目前市场上储架发行成功的产品来看,能够储架上百亿规模的ABS产品,其基础资产的质量都相对较高,且在未来一定期限内会有充足的基础资产来支持储架的规模。

此外,储架发行对于基础资产的标准化程度要求较高,如同质性、分散性等。通常储架发行的资产证券化产品在首次申报提交的框架性材料中就已经约定好了产品的基础资产类型、入池标准、交易结构、增信措施等各类产品设计要点,同系列下每期产品的前述设计要点保持一致,保证资产证券化产品的同质化、标准化,提高产品流动性。

储架成功之后,每期发行的资产支持证券都是一个单独的产品,产品间相互独立,包括:账户的独立,每期产品会有单独针对该期产品的各类账户,如专项计划账户、监管账户等;核算独立,每期产品在各自对应的账户中进行

---

① 见深交所《资产证券化业务问答》(2017年3月修订)。

单独的核算,相互隔离;基础资产独立,每期产品都有各自对应的基础资产池,不同期产品的基础资产相互独立。

【储架发行的优势】

首先,储架发行对于原始权益人而言,显而易见的好处就是可以缩短审批时间,提高审批效率。用资产证券化的方式融资对原始权益人而言,从申报到募集资金到位周期相对较长,通过储架发行的方式前期所需的尽职调查、交易结构磋商、文书起草等准备时间可以大大缩短。这种发行方式简化了发行审批程序,提高了融资的灵活性,提升了市场效率,降低了集中融资的压力及成本。

其次,目前的储架发行项目多采用"黑红池"机制,可以减少基础资产池的资金沉淀,也解决了封包到发行期的不确定可能导致的第一期循环购买/还本付息金额过大的问题及融资效率问题。"黑红池"机制是指在项目前期审批报备采用模拟资产池("红池"),而在资产支持证券发行阶段时重新筛选资产池("黑池")。按照以往的审批机制,封包日后的入池基础资产池是确定的,如果基础资产是应收账款、两融债权、小额贷款等资产会在"应收"与"现金"之间产生一系列动态的变化,从封包日到发行日的时间间隔是不确定的,会产生尽管资产支持证券还没发行,但是原有债权已经到期产生资金沉淀,或者封包资产无法进行再融资等问题,从而提高融资人的综合成本,而储架发行能较好地解决这一问题。

最后,储架发行的方式更为灵活。储架发行的发行规模、期数不超过"无异议函"限定的额度、期数即可,因此原始权益人可以合理选择发行窗口,根据市场情况择机发行,同时还可以匹配使用资金的时间,避免资金闲置。

第十一节　收益与费用

【基本解读】

专项计划的收益是指基于“计划说明书”及“标准条款”的约定，以及相关法律法规规定，计划管理人依据专项计划交易文件规定管理、运用、处分专项计划资产产生的全部收益。专项计划的收益扣除专项计划费用后，即属于资产支持证券持有人享有的利益。

通常来说，专项计划的收益主要包括：

(1)原始权益人根据《资产买卖协议》的约定已经转让予专项计划的基础资产所产生的回收款；

(2)计划管理人利用专项计划账户中的资金进行合格投资而产生的收益；

(3)其他根据专项计划文件属于专项计划的资产。

专项计划的费用是指专项计划存续期内管理人合理支出的与专项计划相关的所有税收、费用和其他支出，包括但不限于因其管理和处分专项计划资产而承担的税收(但计划管理人就其营业活动或收入而应承担的税收除外)和政府收费、计划管理人的管理费、托管人的托管费、登记托管机构的登记托管服务费、对专项计划进行审计或对资产服务机构进行复核的审计费(如有)、清算费用、兑付兑息费和登记查询费(如有)、资金汇划费、执行费用、信息披露费(如有)、召开资产支持证券持有人大会的会务费以及计划管理人承担的且根据专项计划文件有权得到补偿的其他费用支出。

除原始权益人或其他第三方承诺另行支付外，计划管理人合理支出的与专项计划相关的上述所有费用和其他支出均由专项计划承担，并从专项计划资产中支出。

【不属于专项计划的费用】

根据专项计划的性质以及实务操作中的通常做法，以下费用不属于专项计划费用，不从专项计划中支出：

(1)为专项计划的设立而发生的各种费用，包括为资产支持证券销售目的而在专项计划设立日之前发生的销售费，以及委托律师事务所、信用评级机构和会计师事务所进行尽职调查、首次信用评级所应付的报酬等费用。

(2)计划管理人、资产服务机构、监管银行和托管人因未履行或未完全履行义务导致的费用支出或专项计划的资产收益的损失，以及处理与专项计划运作无关的事项发生的费用(不包括专项计划可能被征收的相关税费)等。

【专项计划运作期间的税费承担】

专项计划运作期间产生的税费由专项计划承担，管理人有权按照法律法规的规定及专项计划文件的约定进行缴纳。如果发生税务部门向专项计划、资产支持证券持有人征收任何额外的税负，则专项计划的原始权益人、计划管理人、托管人及其他中介机构均不承担任何补偿风险。如法律法规要求相关主体或管理人代扣代缴，专项计划将依法进行代扣代缴。若在专项计划存续期间或终止后，如有权机关向管理人或专项计划追缴税费，管理人有权向资产支持证券持有人追偿。换言之，专项计划中税收不确定性的风险基本由资产支持证券投资人承担。

以下是某专项计划标准条款中的税费条款，从中可以很清楚地看出计划管理人和资产支持证券持有人之间关于税费缴交责任的承担约定：

“除专项计划已列明的专项计划费用产生的税费由各收款方自行缴纳外，管理人有权以专项计划利益予以预提税费或其他方式从专项计划资产中扣除相关应缴增值税税费；管理人在向资产支持证券持有人交付利益或资产后税务机关要求计划管理人缴纳相关税费的，资产支持证券持有人应按照计划管理人通知要求进行补缴，计划管理人亦有权以资产支持证券持有人的剩余专项计划利益予以缴纳；资产支持证券持有人不以任何方式要求计划管理人向其返还或补偿该等税费；资产支持证券持有人未按照本条款约定缴纳税款给计划管理人造成损失的，承担全部赔偿责任。”

第十二节　固定摊还

【基本解读】

固定摊还，是资产支持证券偿还本金的方式之一。中国证监会官方网站发布的《资产证券化业务知识问答》中，就“资产支持证券的还本方式有哪些”答复到：“资产支持证券的还本方式主要分为固定摊还和过手摊还两种……固定摊还是指按照‘计划说明书’中约定的产品还本计划进行本金兑付。”因此通常在固定摊还模式下，资产支持证券本金在支付日期和支付金额这两方面的要素是固定的。由于资产支持证券的本金偿付按照预先约定的计划进行，因此投资者对其未来现金流更容易计算和量化。

固定摊还型资产支持证券需要确保能够在每档证券的到期日足额偿付该档证券的本金，因此对底层基础资产按时还本付息的要求较高。如果发生大量基础资产未能按时还本付息，可能导致无法正常兑付甚至造成违约事件的发生。鉴于此，固定摊还型对底层资产的现金流状况、增信措施的要求均要比过手摊还型证券要严格，其次级一般也会比过手摊还型的厚一些。

【固定摊还方式与早偿风险】

固定摊还型专项计划受基础资产早偿（债务人提前偿还债务本金）的影

响较大。以消费金融贷款的专项计划为例，当发生早偿时，专项计划在该期收到的现金流将会显著增加，同时专项计划收到债务人的利息总额减少（债务人提前偿还本金，计息期限变短），以致专项计划的总体收益减少。就固定摊还型而言，如果在该期最近的一个兑付日不安排偿付本金，或者安排兑付的本金远远少于早偿的本金，则将导致多余的现金流在专项计划的账户内闲置、产生闲置成本；但同时优先级证券的未偿本金却仍在计息。这就意味着专项计划的偿付能力将严重受到早偿因素的影响，在此情况下，优先级证券持有人虽然不需要承担早偿风险，但降低了次级证券的收益率。因此，对于早偿率高的项目，通常不单独采用固定摊还的方式还本。

部分资产证券化产品，尤其是以小额应收账款债权作为基础资产的，会在本金摊还方式中结合固定摊还以及过手摊还。在正常情况下，若提前还款率提升，固定摊还型证券的加权平均期限对提前还款或违约变化相对不敏感；过手摊还型证券的加权平均期限对提前还款率假设相对敏感，所以相互结合可以尽量避免早偿带来的再投资风险，又可以满足不同偏好的投资人的需求。在产品设计方面，一般优先档中靠前的几档会被设计为固定摊还型，剩下档次则设计为过手摊还型，如国信证券一中安租赁一期资产支持专项计划就将优先级资产支持证券的前三档（中安 1 优 1—1 优 3）均设计为本金固定摊还，而第四档（中安 1 优 4）则设计为本金过手摊还。

第十三节　过手摊还

【基本解读】

过手摊还，是资产支持证券偿还本金的方式之一。中国证监会官方网站发布的《资产证券化业务知识问答》中，就“资产支持证券的还本方式有哪些”

答复到:“资产支持证券的还本方式主要分为固定摊还和过手摊还两种……过手摊还是指产品本金兑付与基础资产的现金流实际回收情况相匹配。对于过手摊还型证券来说,由于基础资产债务人可能会因为多种原因提前偿还全部或部分本金,因此将引起该类证券的提前偿付,存在一定再投资风险。”

具体而言,过手摊还是指在专项计划的每个支付日没有固定的还本金额安排,而是根据现金流的实际流入情况,在扣除相关费用后直接按比例分配给投资者。相对于固定摊还方式须严格按照“计划说明书”中约定的产品还本计划进行本金兑付,过手摊还则秉承“有多少分多少、分完为止”的原则,在支付费用及利息之后一般会把专项计划账户内的剩余资金全部用于本金的分配,所以每期本金分多少就要看底层资产产生的现金流。

国内资产证券化产品的还本方式中,过手摊还往往是摊还期限确定(兑付兑息日是确定的),但摊还金额不确定。因此过手摊还并非债务人提前还款后,计划管理人次日就可以把资金兑付给投资者,而是必须在约定的兑付兑息日,在扣除税费、管理费和优先档利息等之后,按照实际情况进行本金过手摊还。

【过手摊还的优势及风险】

固定摊还型由于需要在“计划说明书”中确定固定的兑付计划,因此其还本还息额度一般是根据现金流的情况来保守确定的,极可能造成一部分资金剩余,而剩余的现金流留在专项计划账户里则会造成资金的沉淀闲置。过手摊还型的支付方式则可以有效地减少现金流在专项计划账户里的沉淀闲置成本。

尽管如此,过手摊还存在早偿风险和再投资风险。一些受到经济周期性变动以及利率变动影响较大的基础资产,如租赁租金、应收账款和住房抵押贷款这几类基础资产较易发生债务人提前偿还部分或全部欠款的情况,从而导致基础资产的现金流产生与预期不同的流入大小与时间。当专项计划的入池基础资产有提前还款的情况发生,则投资者的投资本金会比预期的提前偿付。提早偿付会导致利息收入减少,所以在发生提前偿付的情况下,投资者收到的现金流可能比预期的少。此外，当早偿债务本金的主动权掌握在债务人手中时，债务人通常选择对自己有利的时机偿还本金，而对债务人有利的时机对投资者而言往往是投资的不利时机。因此早偿不仅影响资产支持证券的收益，而且会增加资产支持证券持有人的再投资风险。

第十四节 增 信

【基本解读】

资产证券化的本质是以基础资产为核心开展的融资活动，因此，基础资产本身应是参与各方重点关注的对象。但在实践中，“固定收益＋强增信”依然是市场中投资者最接受的融资模式，因此专项计划会设置各种类型的增信，目的主要是提高优先级资产支持证券的信用评级，以增强对投资人的吸引力，并降低发行利率。

资产证券化的信用增级分为内部增信和外部增信两种方式。内部增信是从基础资产的结构设计角度出发，主要包括结构化分层、超额利差与超额覆盖等；外部增信则是以主体信用或资产担保为主，主要包括由原始权益人或主体信用较强的第三方主体提供差额支付与保证、回购承诺等。在收费收益权类的资产证券化产品中，原始权益人通常还会以将收费权进行质押的方式提供增信。

【内部增信的种类】

1. 结构化分层

结构化分层是指在专项计划中，对发行的资产支持证券进行优先/次级分层。次级证券一般由原始权益人自行认购。当资产支持证券进行分配时，只有当优先级证券预期收益与本金足额受偿后，次级证券才能对剩余收益进行分配。次级证券的持有人在优先级证券全部足额分配、兑付前无权参与持有人会议。为确保原始权益人的持续增信，未经生效判决或裁定，原始权益人认购次级资产支持证券后，不得转让其所持任何部分或全部次级资产支持证券。

2. 超额利差与超额覆盖

超额利差是指基础资产所产生的利息收入要大于向投资者兑付的预期收益和各类税费的总和。在基础资产为收益权的产品中，很少存在利息的概念，因此超额利差一般仅适用于信贷资产、小额贷款、消费贷、融资融券等能产生稳定利息的基础资产为债权的证券化产品。基础资产债权利息与优先级证券预期收益差距越大的，投资者收益的稳定性越强。

超额覆盖或称超额现金流覆盖，是指每一期优先级资产支持证券兑付时，经合理测算的该期现金流均能够覆盖本金及预期收益。超额覆盖能够同时适用于基础资产为债权和收益权的证券化产品。每一期现金流入金额与所需兑付金额的比值称为超额覆盖倍数。超额覆盖倍数越高的，投资者收益的稳定性越强。

超额利差与超额覆盖设置的意义是确保投资者预期收益可以完全来源于基础资产本身，而无须通过占用原始权益人次级收益权，或通过流动性支持、差额支付等影响专项计划良好运行的增信措施解决，确保基础资产的稳定性，为投资者的本金和预期收益提供保护。

【外部增信的种类】

1. 差额支付与保证

差额支付与保证在资产证券化中的适用，详见本章第十五节“差额支付”词条表述。

2. 流动性支持

流动性支持，通常指优先级资产支持证券的投资者本金及预期收益未及时获得清偿时由相关义务人承担临时性的垫付义务。流动性支持的目的不是为了解决企业的信用风险或市场风险，而仅仅只解决现金流管理出现临时紧张的风险，故其提供的垫资行为只是“临时性”的。[①] 但司法实践当中，垫资是否属于“临时性”，其边界难以把握，如未约定明确，可能被法院认定为具有与差额支付同样的效果。

3. 回购承诺

资产证券化业务中的回购承诺，是指发生回购事件时原始权益人应按约定回购单一或全部基础资产。通常情况下，当基础资产、原始权益人等发生负面变化，对专项计划产生重大不利影响时（如发生基础资产部分或全部被认定为不合格资产，评级机构给予任一优先级资产支持证券的信用等级低于约定评价，未经计划管理人书面同意，基础资产被再次转让、被再次设定抵押权或其他担保物权或被采取司法强制措施，原始权益人因非正常原因停止继续经营超过一定时间等情形），均可能构成回购事件，从而触发原始权益人的回购义务。

4. 回售承诺

回售承诺是指在专项计划运营过程中设立“开放期”，在开放期内，优先级资产支持证券持有人有权无条件要求原始权益人按约定的价格（一般为资产支持证券面值）赎回其持有的部分或全部资产支持专项证券，该等工作通常在约定的利率调整日后一段期限内进行。回售安排常见于专项计划持续时间比较长，如 PPP 项目收费收益权或基础设施收费收益权等持续 5 年，甚至 10 年以上的产品中。

回购安排中，原始权益人回购的是基础资产，而回售安排中，回售的是优先级资产支持证券。根据回购安排回购基础资产的，如不通过循环购买的方式补充基础资产，则专项计划规模将随之减少。而根据回售安排赎回资产支持证券的，专项计划本身并不减少，原始权益人赎回资产支持证券后，依然可通过二级市场出让。

---

① 杨培明. 保证 X 差补 X 流动性支持，教你选对增信措施. 载“大队长金融”微信公众号，网址：https://mp.weixin.qq.com/s/cowvmuZZ3HqkbJVz2AAozA，最后访问日期：2019 年 8 月 17 日。

【外部增信的法律性质】

实践中对于各项上述外部增信措施的法律性质认定存在诸多观点，有人认为属于担保合同，有人认为属于独立无名合同义务，还有人认为属于债务加入性质等。人民法院在案件中对差额补足等增信措施的最终定性直接决定了第三方义务人的责任承担方式和责任范围，因此往往成为当事方争议的焦点之一。最高人民法院于 2019 年 11 月 8 日发布的《全国法院民商事审判工作会议纪要》（以下简称《九民纪要》）“关于营业信托纠纷案件的审理”部分，用专门条款对如何认定增信文件的性质进行了明确，但并没有对作为增信措施的各种类型的承诺文件之性质划分给出详细的裁判标准，而是要求人民法院依据承诺文件的具体内容，根据具体案情来最终确定相应的权利义务关系及民事责任①。同时《民法典》以及《最高人民法院关于适用〈中华人民共和国民法典〉有关担保制度的解释》对于之前实务界的“债务加入”等具有担保功能的合同安排或结构涉及的适用与认定亦做出了立法与司法裁判上的回应（有关增信的法律性质讨论，可见本书第三章）。

第十五节　差额支付

【基本解读】

差额支付或称差额补足，是指由承诺方对资产证券化产品管理人或托管人出具“差额支付（补足）承诺函”，承诺满足一定条件时承担差额支付义务，

① 见《九民纪要》第 91 条。

是一种通过承诺方主体信用进行增信的手段。在资产证券化交易结构中,常见于企业资产支持专项计划与资产支持票据。

差额支付并非传统的担保模式,也不是一个现有的法律概念,而是为了满足资本市场发展的需求而创设的一种新型增信手段。常规的保证受法律的规制,在设立、生效、保证期间等方面都有较高的要求。而差额支付可以在达成交易目的的前提下根据交易结构对上述内容进行调整,因此受到资本市场的青睐。根据《企业会计准则第13号——或有事项》第十四条第(二)项的规定,企业的对外担保应作为或有负债在报表附注中予以披露,而差额支付作为非法定担保的增信方式,需要在报表中的披露程度取决于专业人士对条款分析后的判断。

实践中,优先级资产支持证券的信用评级,一般不会低于差补义务人最近一次的主体信用评级。

【差额支付的法律性质】

差额支付的方式较为灵活,适用时可做个性化调整,能满足各方的交易需求,但也正是这种灵活性赋予了差额支付丰富的法律属性,很容易与其他相近的概念产生重合。司法实践中对差额支付的法律属性一般有保证、债务加入和独立债务三种观点。《最高人民法院关于适用〈中华人民共和国民法典〉有关担保制度的解释》出台后,则对于第三人向债权人提供差额补足、流动性支持等类似承诺文件作为增信措施的情形,从法律性质认定和司法适用方面均做出了较为明确的规定(关于“差额支付的法律性质”,详见本书第三章)。

【差额支付承诺的受益主体】

差额支付承诺的接受对象通常是计划管理人,但该承诺的受益主体却并非管理人。差额支付承诺人可以承诺计划管理人有权代表专项计划主张权利,也可承诺计划管理人有权代表资产支持证券持有人主张权利。两者从表面上看其实差别不大，但受益主体不同，实体权益的归属也不同，引发出的是谁有权提起诉讼的问题，即诉讼主体问题。在受益主体为专项计划的情况下，因为隔了一层专项计划，资产支持证券持有人与差额支付人之间并没有直接的合同关系，资产支持证券持有人无权直接向差额支付承诺人提起诉讼，只有当计划管理人怠于履行管理职责时，资产支持证券持有人可通过债权人代位诉讼的方式寻求救济。而在受益主体为资产支持证券持有人时，资产支持证券持有人与差额支付承诺人之间直接产生权利和义务关系，此时无论管理人是否尽到管理者义务，均不影响资产支持证券持有人直接向差额支付承诺人提起诉讼的权利。

实践中，以资产支持证券持有人作为受益主体的，当事人会在交易文件中约定排除资产支持证券持有人直接向差额支付承诺人主张权利的权利，但该等约定的效力存疑。有观点认为诉权放弃的约定体现了当事人对纠纷解决方式的选择权，故应认定其效力[①]。但也有观点认为，诉权是当事人要求国家提供司法救济的基本权利，涉及国家司法权，且诉权的处分应受限制，故不得通过约定的方式被排除[②]。在司法实践中，法院更倾向于起诉权属于法律赋予当事人程序意义上的诉权，是法定的权利，当事人不得自行约定排除。[③]

据此，以资产支持证券持有人作为承诺受益主体的，无论是否在交易文件中约定排除了资产支持证券持有人的诉权，在纠纷发生时均面临直接被资产支持证券持有人直接起诉的权利。因此当事人在受益主体的设置时，应关注受益主体的不同带来的诉讼主体问题。

---

① 相庆梅. 不起诉契约：合法性、性质及成立要件[J]. 理论探索，2012(4)：135－138.

② 崔永峰. 商事合同中约定的不得起诉条款无效[J]. 人民司法(案例)，2017(11)：83－86.

③ 《贵州鸭溪酒业有限公司、罗伦彬建设工程施工合同纠纷二审案》(〔2018〕最高法民终 27 号)，最高院认为，起诉权属于法律赋予当事人程序意义上的诉权，是法定的权利，当事人不得自行约定排除。《赵俊海与杨秀玉、赤峰双源矿业有限公司股权转让纠纷申请再审案》(〔2013〕民申字第 1587 号)，最高院认为，合同中虽然约定双方履行合同发生争议后 60 日内无法协商解决任何一方可以向法院起诉，但该约定不能排除当事人向法院起诉的权利。

第十六节　资产支持证券

【基本解读】

资产支持证券，是指计划管理人依据“标准条款”“计划说明书”及相关交易文件向合格投资者发行的一种权利证明或受益凭证，资产支持证券持有人根据所拥有的资产支持证券及资产支持专项计划交易文件的各项条款享有专项计划利益，并承担专项计划的风险。

【法律性质】

1. 资产支持证券与《证券法》

“资产支持证券”虽然名称中带有证券两字，但原先并不受《证券法》直接调整。2019 年 12 月 28 日，第十三届全国人民代表大会常务委员会第十五次会议对《证券法》进行第二次修订后，新修订的《证券法》扩大了适用范围，将资产支持证券和资产管理产品写入《证券法》，授权国务院按照《证券法》的原则规定资产支持证券及资产管理产品发行、交易的管理办法。据此，资产支持证券取得了准证券的地位，并被纳入新修订的《证券法》的监管体系。

2. 标准化产品

资产支持专项证券满足目前监管机构对标准化债权类产品的定义。根据《资管新规》的要求，标准化债权类资产需满足：

(1)等分化，可交易；

(2)信息披露充分；

(3)集中登记，独立托管；

(4)公允定价,流动性机制完善;

(5)在银行间市场、证券交易所市场等经国务院同意设立的交易市场交易。

依照交易所相关规定设立的资产支持专项计划下发行的资产支持证券均能够满足上述条件,因此其是一种标准化债权类产品。《标准资产认定规则》对此也予以确认。

3. 资产支持证券的取得

专项计划成立时,认购人根据其与计划管理人签署的《认购协议》及所支付的认购资金取得相应的资产支持证券。认购人必须同时签署《认购协议》中的"风险揭示书"。

4. 资产支持证券的登记

计划管理人委托登记托管机构办理专项计划的资产支持证券的登记托管业务。计划管理人通过与登记托管机构另行签署托管协议,明确计划管理人和登记托管机构在资产支持证券持有人账户管理、资产支持证券注册登记、清算及建立并保管资产支持证券持有人名册等事宜中的权利和义务,保护资产支持证券持有人的合法权益。

【优先级资产支持证券/次级资产支持证券】

根据不同的风险、收益分配顺序和期限特征,同一期发行的资产支持证券可以分为优先级资产支持证券和次级资产支持证券。每一类资产支持证券均代表其持有人享有的专项计划财产中对应的权益,包括根据《认购协议》和"标准条款"的规定接受专项计划利益分配的权利等。通常情况下,优先级资产支持证券和次级资产支持证券存在以下特性:

1. 优先级资产支持证券

结构化增信中次级资产支持证券一般由市场上的合格投资者认购或受让。在特殊情况下,计划管理人会以自有资金进行部分认购。

(1)优先级资产支持证券在专项计划存续期间一般在交易所固定收益证券综合电子平台进行转让。投资者不必与转让人、计划管理人、托管人签署转让协议，其受让的优先级资产支持证券将直接进入其证券账户。

(2)通过交易所固定收益证券综合电子平台受让优先级资产支持证券的投资者须具备合格投资者的资格，且转让后资产支持证券持有人合计不得超过200人。

(3)就优先级资产支持证券的转让交易而言，单次转让交易数量不得少于一定数量。

(4)在收益分配上，因专项计划产生的财产，仅当优先级资产支持证券持有人按相关交易文件的约定优先进行分配、兑付。如优先级资产支持证券分为多档位的，按交易文件约定的规则顺序进行分配。

(5)优先级资产支持证券需要对其进行评级。

2. 次级资产支持证券

作为主要的内部增信方式，结构化增信中次级资产支持证券一般由原始权益人自行认购。在优先级资产支持证券未完全兑付前，次级资产支持证券不进行兑付。相应的，如专项计划财产产生的收益超出现金流预测，则次级资产支持证券持有人可因此获得超额收益。因此原始权益人认购次级资产支持证券可起到增信与超额收益回收的作用。一般情况下，原始权益人认购次级资产支持证券后，不得转让其所持任何部分或全部次级资产支持证券。

第十七节　资产支持证券的资信评级

【基本解读】

资信评级也称信用评级，是指由评级机构根据相关规定和评级方法对受评对象的违约可能性、投资可能损失程度进行分析，并赋予其相应风险等级的活动。对证券评定的信用等级直接影响到该证券的利率高低水平及流动性能力。根据《资产证券化业务管理规定》第三十二条，对资产支持证券进行评级的，应当由取得中国证监会核准的证券市场资信评级业务资格的资信评级机构进行初始评级和跟踪评级。

【资信评级业务资格及评级对象】

中国证监会于2007年颁布的《证券市场资信评级业务管理暂行办法》规定，资信评级机构从事证券市场资信评级业务（以下简称“证券评级业务”），应当向中国证监会申请取得证券评级业务许可。未取得中国证监会的证券评级业务许可，任何单位和个人不得从事证券评级业务。在证券交易所上市交易的债券、资产支持证券以及其他固定收益或者债务型结构性融资证券（国债除外）均属于资信评级服务的对象。

【资信评级报告的内容】

《资产证券化业务信息披露指引》第十一条对信用评级报告的内容进行了规定，包括（但不限于）：

（1）评级基本观点、评级意见及参考因素；

（2）基础资产池及入池资产概况、基础资产（池）信用风险分析；

（3）特定原始权益人的信用风险分析及法律风险分析；

（4）专项计划交易结构分析；

（5）管理人、托管人等服务机构的履约能力分析；

（6）现金流分析及压力测试；

（7）跟踪评级安排。

设置循环购买的交易，还需对基础资产的历史表现进行量化分析。

【资信评级的主要业务规则】

1. 利益冲突及回避制度

证券评级机构与评级对象存在下列利害关系的，不得受托开展证券评级业务：

(1)证券评级机构与受评级机构或者受评级证券发行人为同一实际控制人所控制；

(2)同一股东持有证券评级机构、受评级机构或者受评级证券发行人的股份均达到5%以上；

(3)受评级机构或者受评级证券发行人及其实际控制人直接或者间接持有证券评级机构股份达到5%以上；

(4)证券评级机构及其实际控制人直接或者间接持有受评级证券发行人或者受评级机构股份达到5%以上；

(5)证券评级机构及其实际控制人在开展证券评级业务之前6个月内买卖受评级证券；

(6)证监会基于保护投资者，维护社会公共利益认定的其他情形。

证券评级机构评级委员会委员及评级从业人员在开展证券评级业务期间有下列情形之一的，应当回避：

(1)本人、直系亲属持有受评级机构或者受评级证券发行人的股份达到5%以上，或者是受评级机构、受评级证券发行人的实际控制人；

(2)本人、直系亲属担任受评级机构或者受评级证券发行人的董事、监事和高级管理人员；

(3)本人、直系亲属担任受评级机构或者受评级证券发行人聘任的会计师事务所、律师事务所、财务顾问等证券服务机构的负责人或者项目签字人；

(4)本人、直系亲属持有受评级证券或者受评级机构发行的证券金额超过50万元，或者与受评级机构、受评级证券发行人发生累计超过50万元的交易；

(5)中国证监会认定的足以影响独立、客观、公正原则的其他情形。

2. 内控制度

证券评级机构须建立清晰合理的组织结构，合理划分内部机构职能，建立健全防火墙制度，从事证券评级业务的部门应当与其他部门保持独立。证券评级机构的人员考核和薪酬制度，不得影响评级从业人员依据独立、客观、公正、一致性的原则开展业务。证券评级机构应当指定专人对证券评级业务的合法合规性进行检查，并向注册地中国证监会派出机构报告。

3. 项目组及评级委员会

证券评级机构开展证券评级业务，应当成立项目组，项目组组长应当具有证券从业资格且从事资信评级业务 3 年以上。项目组对评级对象进行考察、分析，形成初评报告，并对所依据的文件资料内容的真实性、准确性、完整性进行核查和验证。评级委员会是确定评级对象信用等级的最高机构。评级委员会对项目组提交的初评报告进行审查，做出决议，确定信用等级。

4. 复评制度

评级机构接受委托开展证券评级业务，在确定信用等级后，应当将信用等级告知受评级机构或者受评级证券发行人。受评级机构或者受评级证券发行人对信用等级有异议的，可以申请复评一次。证券评级机构受理复评申请的，应当召开评级委员会会议重新进行审查，做出决议，确定最终信用等级。

5. 结果公布制度

评级结果应当包括评级对象的信用等级和评级报告。评级报告应当采用简洁、明了的语言，对评级对象的信用等级做出明确解释，并由符合本办法规定的高级管理人员签字。

6. 首次评级和跟踪评级

首次评级时，证券评级机构在与委托方签署评级业务委托书并全额收取首次评级费用后再进场开展尽职调查工作，评级项目组对评级对象的现场考察与访谈时间不得少于 2 个工作日。证券评级机构在对评级对象出具的首次评级报告中明确规定跟踪评级事项。在评级对象有效存续期间，证券评级机构应当持续跟踪评级对象的政策环境、行业风险、经营策略、财务状况等因素的重大变化，及时分析该变化对评级对象信用等级的影响，出具定期或者不定期跟踪评级报告。

【跟踪评级】

聘请证券评级机构针对资产支持证券出具评级报告的，在评级对象有效存续期间，评级机构应当于资产支持证券存续期内每年的 6 月 30 日前向合格投资者披露上年度的定期跟踪评级报告，并应当及时披露不定期跟踪评级报告。

与首次评级必须进场不同的是，跟踪评级时证券评级机构将按照评级业务委托书及跟踪评级业务需要确定是否进场及进场时间。不定期跟踪评级结果发生变化的，证券评级机构应当在不定期跟踪评级分析结束后的第 2 个工作日发布评级结果；不定期跟踪评级结果未发生变化的，证券评级机构应当在不定期跟踪评级分析结束后 7 个工作日内发布评级报告。

第十八节　权利完善机制

【基本解读】

权利完善机制通常作为信用触发机制之一出现在专项计划中。在以债权类资产为基础资产的资产证券化产品中，基础资产的转让即意味着债权转让。我国在债权让与的效力认定问题上适用原《合同法》[①]第八十条，《民法典》合同编也基本延续了原《合同法》的相关规定，即采取债权转让通知主义。因此专项计划的原始权益人转让债权类基础资产，应当履行通知义务，通知对象主要包括：

① 《合同法》已被自 2021 年 1 月 1 日起施行的《民法典》取代废止。

(1)基础资产项下的直接付款义务人,即债务人;

(2)基础资产项下债务人的保证人。

但是,由于作为资产支持专项计划基础资产的债权合约,例如小额贷款、消费贷款、信用卡应收账款、购房尾款、融资租赁租金等与普通债权不同,具有同质性高、标准化、数量庞大、小额化的特征,如果采取逐一通知债务人的方式,无疑将大大增加专项计划的成本,因此除了反向保理供应链类的资产以外,此类资产支持专项计划一般在专项计划设立日不设置将基础资产转让事项通知债务人和保证人的安排,而是将通知递延至相关触发事件(即权利完善事件)实际发生后进行。一经通知,债权转让即对债务人发生效力,并继而引发办理所有权及抵押权等从权利转移/变更手续,以及现金流归集变更等其他一系列权利完善措施。权利完善措施主要通过完善债权的转让及所有权变更程序,从而保障专项计划基础资产的安全、独立性及证券持有人的利益。

【权利完善机制的主要内容】

权利完善机制主要由权利完善事件和权利完善措施两部分组成。

1. 权利完善事件

2017 年 12 月 15 日上交所、深交所分别发布的《企业应收账款资产支持证券挂牌条件确认指南》[①]第四条规定,以企业应收账款作为基础资产发行资产支持证券……应收账款转让应当通知债务人及附属担保权益义务人(如有),并在相关登记机构办理应收账款转让登记。若存在特殊情形未进行债权转让通知或未办理转让登记,管理人应当在"计划说明书"中披露未进行转让通知或未办理转让登记的原因及合理性,充分揭示风险,设置相应的权利完善措施进行风险缓释。但该指南并未进一步说明何为"相应的权利完善措施",也未说明权利完善措施的触发条件。

上交所、深交所 2018 年 2 月 9 日发布的《融资租赁债权资产支持证券挂

① 上交所和深交所均为 2017 年 12 月 15 日首次发布。

牌条件确认指南》第六条终于明确了权利完善事件的具体内容:“管理人应当设置相应的权利完善措施进行风险缓释。权利完善措施的触发事件,可以包括但不限于资产服务机构解任、原始权益人或资产服务机构主体信用评级下降、原始权益人丧失清偿能力、基础资产违约、租赁物出现不可修复性损坏或灭失等”。从市场上的各专项计划文件来看,尽管前述条款是面向融资租赁债权资产支持证券挂牌条件的要求,但是其他类型的专项计划中所定义的权利完善事件也基本上参照了该条款内容。

2. 权利完善措施

(1)权利完善通知。

发生权利完善事件后,原始权益人和/或计划管理人有义务按照《基础资产买卖协议》的约定向债务人、基础资产担保人和其他相关方(如保险人)发送通知。关于债权转让的具体通知方式,原《合同法》并未对此明确规定。就普通债权而言,目前的普遍观点认为,在未明确规定的情况下,口头通知、书面通知及其他形式均可;无论何种形式,均应以合理到达债务人为原则。但由于资产证券化的特殊性,即其债务人通常是不特定的多数,且分布广泛、流动频繁,因此采用何种通知方式既能降低成本又能达到“合理到达债务人”的目的就很重要。

信贷资产证券化在如何通知债务人方面以规范性文件的形式确立了“登报通知”的方式。《信贷资产证券化试点管理办法》(人民银行、中国银行业监督管理委员会公告〔2005〕第7号)规定:“发起机构应在全国性媒体上发布公告,将通过设立特定目的信托转让信贷资产的事项,告知相关权利人。”媒体公告的方式显然是为了适应资产证券化特性的需要,在总体不违反原《合同法》的前提下面对大量债权让与就具体通知方式所作的务实的变通,此种方式虽可能导致债权让与的意思表示并不能有效到达债务人,但毫无疑问提高了通知的效率,降低了资产证券化的成本。尽管如此,由于缺乏相关规定,上述关于信贷资产证券化的规定并不能直接适用于企业资产证券化,因此在相关法律法规未进行明确规定前,只能按照原《合同法》(自2021年1月1日起,适用《民法典》)的规定,在债权让与的意思表示以合理的形式到达债务人后才能算完成通知义务,并进而对债务人发生效力。为确保通知行为的有效性，企业资产支持专项计划的管理人在发送债权转让通知时一般采取书面形式，某些基础资产债务人数量多且分布广泛的专项计划，也会在交易文件中专门写明以电子邮件的形式发送通知。

需要指出的是，虽然债权转让人未向债务人发出债权转让通知时，债权转让对债务人不发生效力，但这并不影响债权转让人与受让人签订的债权转让协议的效力，即不影响受让人取得债权。债权转让通知义务未及时履行只是使债务人享有对抗受让人的抗辩权，并不影响债权转让人与受让人之间债权转让协议的效力。从目前可以公开查询到的企业资产证券化的案例来看，部分以"合同债权"为基础资产的资产证券化项目在专项计划说明中对于基础资产转让所涉及的权利完善事宜进行了技术性的回避。例如中国水务供水合同债权专项资产管理计划（以下简称"中国水务计划"）将基础资产界定为"合同债权及其从权利"，在该说明书中提及该计划涉及 8 万多个基础资产合同债权，但未对是否通知债务人进行披露。若中国水务计划在基础资产转让时确实未通知债务人，在权利完善方面固然存在瑕疵，但从实际法律效果上看，按照以上分析，似乎并不影响 SPV 债权的最终实现。

（2）所有权、担保权等权利转移/变更手续。

在融资租赁资产证券化中，原始权益人在将基础资产池的租赁债权及其附属担保权益转让给专项计划的同时，通常还将继续持有租赁物件的所有权。虽然随着租赁债权及其附属担保权益的转移，租赁物件所有权已经成为经济利益近乎零的名义所有权，但在专项计划存续期间，如果原始权益人进入破产程序或涉入其他风险，租赁物件是否会被列入破产财产或被申请冻结、查封、强制执行等，还存在司法不确定性。此外，租赁物未办理转让登记至计划管理人名下（代专项计划持有），当原始权益人违约处置租赁物时，如善意第三人取得租赁物件所有权，则将导致租赁物件无法处置，并进而可能使承租人对原始权益人享有的租金请求权提出抗辩。若法院对出租人和承租人之间的关系进行重新认定，可能给专项计划造成损失。因此当发生任一权利完善事件后，即时完善所有权的转移手续是有现实必要性的。专项计划的管理人有权依据资产买卖协议等交易文件的约定，要求原始权益人将基础资产有关的租赁物件的所有权转让给计划管理人，并于规定期限内办理完毕所有权转移登记，进而降低前述各项风险。

关于担保权利的转移，《担保法》(《民法典》也基本延续了《担保法》的相关规定)第二十二条规定："保证期间，债权人依法将主债权转让给第三人的，保证人在原保证担保的范围内继续承担保证责任。保证合同另有约定的，按照约定。"基于此，专项计划设立前一般会核查并确保基础资产对应的保证合同不存在保证人仅针对特定债权人承担担保责任的条款，也不存在主债权转让时保证人可免除担保责任或其他对主债权转让的限制的约定，这样可以确保原始权益人转让基础资产的同时，能够一并转让保证担保。当发生权利完善事件后，在原始权益人或计划管理人根据《资产买卖协议》以权利完善通知的形式将保证担保转让的事实通知给保证人后，保证担保的转让即对保证人发生法律效力。此外，对于附着于主债权的其他担保权利(质押权、抵押权)，除了将主债权转让通知到债务人外，还需要办理相应的权利转移手续，由原始权益人、担保人协助管理人就相应的抵押、质押财产，办理必要的权利转移/变更登记手续，以完善管理人所取得的权利。

(3)现金流归集改变。

如前所述，专项计划一般在其设立日不设置将基础资产转让事项通知债务人的安排，因此，根据原《合同法》第八十条(即现《民法典》第五百四十六条)，基础资产转让在专项计划设立日对债务人不发生效力，债务人继续将基础资产回收款支付至原始权益人(担任资产服务机构)名下账户，由原始权益人按期转付给专项计划账户。当发生权利完善事件时，资产服务机构有义务(根据资产买卖协议的规定)提前结束循环购买期。计划管理人发出的权利完善通知书中，将会指示各方将租金、留购价款、担保物变现价款、保险金或其他应属于专项计划资产的款项直接支付至专项计划账户，而不再支付至原始权益人名下的账户。

此外，由于在融资租赁交易中，租赁物的承租人或第三方往往需要交付保证金，因此在部分融资租赁资产支持专项计划中，交易方会在《资产买卖协议》中详细约定，一旦发生权利完善事件，资产卖方(原始权益人)应当将其届时持有的承租人或第三方交付的全部保证金转付至专项计划账户；在此之后，资产服务机构按融资租赁合同的约定要求第三方或承租人补充保证金的，应要求第三方或承租人直接将补充的保证金划入专项计划账户，或在收到补充的保证金后划入专项计划账户，并向托管银行及计划管理人发出相应的通知。在此之后即使权利完善事件情形消失的，除非专项计划文件另有约定，保证金也不再划回原始权益人的账户。

第十九节　重大不利变化条款

【基本解读】

“重大不利变化条款”有时也称为“重大不利影响条款”（material adverse effect clause），常见于并购交易文件、融资合同、投资协议以及其他重大商事合同。资产支持专项计划的“标准条款”及“计划说明书”中通常对重大不利变化和重大不利影响分开定义，但两者往往出现循环定义的情形，后者的发生构成对前者的确定。如果发生了重大不利影响，通常就构成了重大不利变化；但后者的定义中也包括了对前者的阐述。实务中，专项计划的“标准条款”及“计划说明书”中对这两个概念的常见定义如下：

重大不利变化是指任何自然人、法人或其他组织的法律地位、财务状况、资产或业务前景的不利变化，这些变化对其履行“专项计划文件”项下义务的能力产生重大不利影响。

重大不利影响是指根据计划管理人的合理判断，可能对以下各项产生重大不利影响的事件、情况、监管行为、制裁或罚款：

(1)基础资产的可回收性；

(2)特定原始权益人或资产服务机构的(财务或其他)状况、业务或财产；

(3)特定原始权益人、计划管理人、资产服务机构、回购方、监管银行、托管机构或注册登记机构履行其在“专项计划文件”项下各自义务的能力；

(4)资产支持证券持有人的权益;

(5)专项计划或专项计划资产。

【“重大不利变化条款”的构成及特点】

1.“重大不利变化条款”的构成

从“重大不利变化条款”的定义可以看出,该条款的实质在于界定某些不利变化是否触发了特定主体对履行“专项计划文件”项下义务能力产生了重大不利影响。“重大不利变化条款”的主体,即发生不利变化且其履约能力遭受重大不利影响的一方,涵盖参与专项计划的各主体方(原始权益人、计划管理人、资产服务机构、增信方或回购方、监管银行、托管机构或注册登记机构)。重大不利影响所影响的对象,是特定主体履行“专项计划文件”项下义务的能力。而重大不利影响是指对某些重要方面产生不利影响的一些具体事件、情况或行为,这些重要方面通常是专项计划设立、正常存续的关键及核心利益所在,主要包括:基础资产的可回收性,特定原始权益人或资产服务机构的(财务或其他)状况、业务或财产,各主体的履约能力,资产支持证券持有人的权益,或专项计划及其资产本身。

2. 何谓“重大”

重大不利变化和重大不利影响定义的核心内容无疑是对何为“重大不利变化”和“重大不利影响”进行界定。但是,基本上所有专项计划交易文件对此没有进行明确界定。从本节前述所列举的两者定义可看出,重大不利变化和重大不利影响存在一定的循环定义情况,基本上是重复使用“重大不利影响”的字眼对“重大不利变化”进行定义,并使用“重大不利变化”对“重大不利影响”进行定义。但是这种循环定义的逻辑错误,目前似乎被普遍接受。其原因或许在于重大不利变化和重大不利影响指向的都是未来可能出现的情形,而未来可能出现的情形很难完全用一个清晰、具体的标准来概括,事先确定一个适用于未来不可知情形的合适的数量标准几乎是不可能的,有时反而会产生事与愿违的后果。

3. 判断的主体

鉴于重大不利变化和重大不利影响定义固有的模糊特色，大多数专项计划交易文件均在重大不利影响定义中规定，根据计划管理人的合理判断，来决定是否构成重大不利影响的发生，即通过理性人的标准，作为判定重大不利影响的客观尺度。

【“重大不利变化条款”的应用】

在专项计划文件（“标准条款”或“计划说明书”）中，“重大不利变化条款”常出现在两类条款中。

其一，加速债权的到期。例如在加速清偿条款中，作为加速清偿事件之一。当原始权益人发生重大不利影响或重大不利变化时，计划管理人有权根据自己的合理判断，与原始权益人协商增加原始权益人对履约的保障。如原始权益人未能履约，计划管理人须根据经宣布生效的加速清偿事件条款，通知所有的资产支持证券持有人，召开有控制权的资产支持证券持有人大会决议启动加速清偿。

其二，作为终止合同的前提条件。例如在资产服务机构解任条款中，作为资产服务机构解任事件之一：因资产服务机构的严重违约行为以致对基础资产的现金流回款产生重大不利影响，或有控制权的资产支持证券持有人大会合理认为已经发生与资产服务机构有关的重大不利变化，有权对资产服务机构予以解任，计划管理人将据此终止与资产服务机构的相应服务合同。

此外，重大不利影响也常出现在信息披露条款中。当发生原始权益人、管理人、托管人等相关机构违反专项计划文件的约定，对资产支持证券持有人利益产生重大不利影响时，计划管理人履行披露义务，应向资产支持证券持有人做临时披露并向基金业协会报告，同时抄送对计划管理人有辖区监管权的证监会派出机构，并抄送评级机构。

总体来说，“专项计划说明书”或“标准条款”中的重大不利变化条款允许一方主体在其他主体出现重大不利变化时行使一定的权利。该等权利可能是变更债务的履行期限（加速清偿），或者是终止合同的权利。

第二十节　加速清偿事件

【基本解读】

在证监会官方网站发布的《资产证券化业务知识问答》中，加速清偿事件被归为信用触发机制的一种，是指与原始权益人/资产服务机构或担保人的主体评级或运营状况、资产池的累计违约率等指标相挂钩的机制。信用触发机制的核心是信用触发事件，是在不利于优先级资产支持证券偿付的情况达到一定触发条件时引发的事件；设置该机制的根本目的是，当资产池质量发生负面变化时，通过改变现金流支付顺序让基础资产现金流首先保障优先档证券的本息兑付。除了加速清偿事件以外，违约事件、权利完善事件、提前终止事件等均属于信用触发机制。

与违约事件相比，加速清偿事件是一种相对"温和"的信用触发机制。当基础资产池出现一些问题且并非特别严重(例如，发生与原始权益人有关的丧失清偿能力事件、原始权益人或资产服务机构的评级下降、资产服务机构解任等)时，将停止支付次级证券期间收益和后端的专项计划费用，以保障所有优先级资产支持证券的安全。

资产支持证券通常在"计划说明书"等文件中约定加速清偿事件触发情形。当触发加速清偿事件时，计划管理人根据相关交易文件的约定程序启动向投资者提前清偿或改变资金分配顺序的安排。

【加速清偿事件的构成及发生】

加速清偿事件是触发加速清偿的客观事实。某些专项计划将加速清偿事件分为自动生效的加速清偿事件和需经宣布生效的加速清偿事件。自动生效的加速清偿事件，一般包括原始权益人或资产服务机构丧失清偿能力、资产服务机构解任，或需要更换计划管理人或托管人但在规定限期内无法找到合格继任或后备机构等事件；需经宣布生效的加速清偿事件，一般指原始权益人或资产服务机构在交易文件中提供了不实陈述、保证等，未履行专项计划相关文件下的义务，或发生对资产服务机构、原始权益人、计划管理人或者基础资产有重大不利影响的事件等。

通常来说，当发生自动生效的加速清偿事件时，加速清偿事件应视为在该等事件发生之日发生。而发生任何一起需经宣布生效的加速清偿事件时，计划管理人应通知所有的有控制权的资产支持证券持有人，召开持有人大会，以决议宣布是否发生加速清偿事件。当有控制权的资产支持证券持有人大会决议宣布发生加速清偿事件的，宣布之日即视为该等加速清偿事件的发生之日。计划管理人应履行告知义务，向资产服务机构、托管人、登记托管人和评级机构等发送书面通知，宣布加速清偿事件已经发生，并按照专项文件的约定，对专项计划账户收到的资金进行变更分配或调整运用顺序安排。

第二十一节 违约事件

【基本解读】

违约事件与加速清偿事件、权利完善事件、提前终止事件等一样，均属于资产支持专项计划中的信用触发机制之一。所谓“信用触发机制”，是指与原始权益人/资产服务机构或担保人的主体评级或运营状况、资产池的累计违约率等指标相挂钩的机制[①]。当前述任一指标触发专项计划文件规定的违约情形时，即构成违约事件。设置违约事件的根本目的是当专项计划资产池质量发生负面变化时，通过改变现金流支付顺序让基础资产现金流首先保障最高优先级别资产支持证券的本息兑付。

与加速清偿事件相比，违约事件通常是指专项计划发生了更为严重的信用危机。表 1 显示了某 PPP 资产支持专项计划中加速清偿事件与违约事件的触发条件对比。

表 1　某 PPP 资产支持专项计划中加速清偿事件与违约事件的触发条件对比

	加速清偿事件	违约事件
触发条件	· 截至任何时点评级机构给予任一优先级资产支持证券的信用等级等于或低于 AA+时 · 未经计划管理人书面同意，基础资产被再次转让、被再次设定抵押权或其他担保物权或被采取司法强制措施，并且计划管理人认为对专项计划产生重大不利影响 · 原始权益人因非正常原因停止继续经营其主营业务超过 3 个月，并且计划管理人认为对专项计划产生重大不利影响 · 原始权益人发生债务违约事件、涉及重大诉讼或仲裁，或被采取司法强制措施，并且计划管理人认为对专项计划产生重大不利影响	· 任何一期可用性付费未能纳入政府下一年度的政府财政预算，或该等财政预算支出未能取得同级人民代表大会审议通过 · 政府投资服务中心未能将可用性付费付至原始权益人收款账户且该等状态已持续超过 10 个工作日 · 差额支付承诺人均未按照“差额支付承诺函”的条款与条件承担差额支付义务 · PPP 项目提前终止，原始权益人因此丧失特许权

从表 1 中我们不难发现，加速清偿事件是一种相对温和的信用触发机制，当资产池出现了一些问题但尚未严重恶化时会被触发，之后，次级证券的期间收益和后端的专项计划费用会被停止支付。违约事件的触发则说明出现的问题已经较为严重，如资产池恶化到一定地步，出现了兑付日无法支付优先级证券利息，或法定到期日无法支付优先级证券本金等情况，违约事件触发后，将先保证最高级别的优先级证券的兑付，待该等证券的本息全部兑付完，才开始次优级别的本息兑付。

---

① 见《资产证券化业务知识问答》(2017 年 12 月 1 日)。

【触发违约事件与专项计划产品的违约】

对于资产证券化证券持有人而言，其认购或持有该等证券所期待的是该等证券的发行主体能够按照约定到期进行本息偿付，而由于资产证券化的结构特点，其进行偿付的现金流首要来源底层基础资产的正常履约。因此，对于资产证券化产品而言，即使证券尚未到达预定到期日或偿付日，但底层基础资产已经严重恶化，导致后续回收现金流足以兑付该档位证券可能性极低，实际上也可以认为该证券的"违约"后果已经无法避免。在此情况下，就需要设置一种止损机制，立即停止原来的循环购买安排、改变现金流的分配顺序、启动增信措施，所有回收来的款项用于保障最高等级的证券获得最为优先的现金流分配，以保护最高等级证券的利益。因此，触发违约事件并不等于专项计划产品的违约，而是为了避免产品的完全违约而采取的一项保障措施。

第二十二节 计划管理人的解任

【基本解读】

计划管理人接受投资人(资产支持证券的认购人及持有人)的委托，为投资人的利益，按照专项计划文件的规定，将投资人的认购资金用于购买基础资产，对专项计划进行管理及履行其他法定及约定职责，并以前述基础资产及其管理形成的属于专项计划的全部资产和收益，按专项计划文件的约定向投资人进行分配。《资产证券化业务管理规定》第二条第二款规定，计划管理人须具备客户资产管理业务资格，其中基金管理公司子公司须由证券投资基金管理公司设立且具备特定客户资产管理业务资格，还须符合该规定所列条件并履行相应的职责和业务。一旦计划管理人不具备前述资格，或不满足规定条件，或不履行职责，无法继续或不再适合担任管理人一职时，投资人有权更换计划管理人，解除与其之间的委托关系，即为计划管理人的解任。

【计划管理人解任的触发及条件(解任事件)】

计划管理人的解任以解任事件被触发为前提。而解任事件则以专项计划文件(“计划说明书”“标准条款”)为规范基础，并由专项计划文件予以具体约定。

以某项目资产支持专项计划为例，其在“计划说明书”及“标准条款”中有关计划管理人的解任事件具体规定如下：

(1)计划管理人被依法取消了办理客户资产管理业务的资格（但管理人因设立证券资产管理子公司而将客户资产管理业务资格转移到下属子公司的情况除外)；

(2)发生与计划管理人有关的丧失清偿能力事件；

(3)计划管理人违反专项计划文件的约定处分专项计划资产或者管理、处分专项计划资产有重大过失的，违背其在专项计划文件项下的职责，有控制权的资产支持证券持有人大会决定解任计划管理人的；

(4)在由于计划管理人违反法律规定或相关约定，并由此导致资产支持证券持有人不能获得本金和预期收益分配时，有控制权的资产支持证券持有人大会决定解任计划管理人的；

(5)在专项计划存续期间内，如果出现计划管理人实质性地违反其在标准条款中所做出的陈述、保证和承诺，有控制权的资产支持证券持有人大会决定解任计划管理人的。

从上述条款不难看出，解任事件主要围绕着计划管理人的法定资格、履约能力及履行行为而设定。

【解任的程序】

计划管理人的解任必须经有控制权的资产支持证券持有人大会决议通过。通常来说，除发生计划管理人解任事件外，专项计划的有控制权的资产支持证券持有人大会不得解任或替换计划管理人。但当专项计划发生标准条款规定的任何计划管理人解任事件时，计划管理人应根据标准条款的规定，召集召开有控制权的资产支持证券持有人大会，有控制权的资产支持证券持有人大会应当充分说明理由后做出解任计划管理人的决议，同时应向计划管理人发出书面解任通知，并注明计划管理人解任的生效日期。《资产证券化业务管理规定》第二十条规定，专项计划变更管理人应当充分说明理由，并向基金业协会报告，同时抄送变更前后对管理人有辖区监管权的证监会派出机构。有控制权的资产支持证券持有人大会发出管理人解任通知后，在其任命继任管理人生效之日之前，应当由基金业协会指定临时管理人。

有控制权的资产支持证券持有人会议发出计划管理人解任通知后，计划管理人应继续履行专项计划文件项下计划管理人的全部职责和义务，并接受有控制权的资产支持证券持有人会议的监督，直至(1)在有控制权的资产支持证券持有人会议任命继任计划管理人生效之日；或(2)基金业协会指定临时管理人生效之日(通常以两个日期中较晚者为准)。

【解任与继任】

有控制权的资产支持证券持有人大会决议同意解任计划管理人且得到基金业协会批准的，有控制权的资产支持证券持有人大会应任命继任计划管理人，同时将对该继任计划管理人的任命通知标准条款的各方当事人、资产支持证券持有人以及评级机构。

继任计划管理人应签署并向有控制权的资产支持证券持有人大会交付其接受委任的书面文件，并与托管人重新签订《托管协议》，进而享有并承担前任计划管理人在其作为一方的专项计划文件项下的全部权利、权力、职责和义务。

被解任的计划管理人与继任的计划管理人办理交接的工作及责任主要包括：

(1)签署并交付形式和内容符合继任计划管理人和有控制权的资产支持证券持有人大会要求的书面文件，向继任计划管理人完全转让该辞任或被解任计划管理人在专项计划文件项下的全部权利、权力、职责和义务；

(2)向继任计划管理人转让并交付该辞任或被解任计划管理人根据专项计划文件持有的全部专项计划财产；

(3)向继任计划管理人转让并交付其担任计划管理人所取得或持有的一切与专项计划有关的资料、文件、记录；

(4)办理其他必要的、合理的交接手续。

根据《资产证券化业务管理规定》，计划管理人完成移交手续前，应当妥善保管专项计划文件和资料，维护资产支持证券投资者的合法权益，并应当自完成移交手续之日起 5 个工作日内，向基金业协会报告，同时抄送对移交双方有辖区监管权的证监会派出机构。

第二十三节　资产服务机构的解任

【基本解读】

顾名思义，资产服务机构的解任就是解除对资产服务机构的委任。由于资产服务机构是基于计划管理人的委托，为专项计划提供特定服务，并与计划管理人签订专项服务协议，因此从法律意义上理解，资产服务机构的解任即为专项计划管理人解除与资产服务机构之间的委托关系，被解任的资产服务机构停止为专项计划提供“计划说明书”“标准条款”及专项计划资产服务协议所约定的各项服务。

【解任的触发及条件(解任事件)】

1. 概述

专项计划存续期间,资产服务机构主要承担基础资产的日常监控、管理、运营与服务责任,负责收取和归集基础资产产生的本金和利息现金流,将这些资金及时、足额转付至专项计划托管账户,并向计划管理人定期提供资产服务情况的报告。因此专项计划的现金流归集以及计划管理人有关信息披露、风险处置等职责的履行,都离不开资产服务机构的配合。正常情况下,计划管理人不能也不会随意解任资产服务机构,但是当发生资产服务机构的服务能力无法持续的风险,或者其行为可能或已经对基础资产或专项计划产生严重不利影响时,就必须有一个相应的资产服务机构替换机制,以确保专项计划及基础资产的安全存续。

目前不论是基金业协会还是上交所、深交所都没有对何种情况下可以解任资产服务机构进行明确规定,因此只能以专项计划文件(“计划说明书”“标准条款”)以及计划管理人与资产服务机构之间签署的专项服务协议为规范基础。因此解任事件基本上由专项计划文件予以约定。

以某 PPP 项目资产支持专项计划为例,其“标准条款”中有关资产服务机构的解任事件具体如下:

(1)资产服务机构未能根据《服务协议》按时进行资金划付(除非由于资产服务机构不能控制的技术故障、计算机故障或电汇支付系统故障、托管银行原因导致未能及时付款,而使该付款到期日顺延),且经计划管理人书面通知要求付款后超过 3 个工作日仍未付款。

(2)资产服务机构停止经营或计划停止经营其全部或主要的业务。

(3)发生与资产服务机构有关的丧失清偿能力事件。

(4)资产服务机构未能根据“计划说明书”及“标准条款”的约定按时交付相关报告期间的“资产服务机构报告”(除非由于资产服务机构不能控制的技术故障、计算机故障或电汇支付系统故障导致未能及时提供,而使资产服务机构提供“资产服务机构报告”的日期延后)，且经计划管理人书面通知要求提交报告后超过3个工作日仍未提交。

(5)资产服务机构严重违反:①除资金划付义务和提供报告义务以外的其他义务;②资产服务机构在专项计划文件中所做的任何陈述和保证，且在资产服务机构实际得知(不管是否收到计划管理人的通知)该等违约行为后，该行为仍持续超过15个工作日，以致对基础资产的回收产生重大不利影响。

(6)有控制权的资产支持证券持有人大会有充分的理由和依据认为已经发生与资产服务机构有关的重大不利变化。

(7)资产服务机构未能落实《服务协议》的规定，在专项计划设立日后90个自然日内，未能按照计划管理人的要求，对《服务协议》指明的所有账户记录原件以及与上述账户记录相关的所有文件按《服务协议》的约定进行保管。

从上述条款可以看出，资产服务机构的解任事件主要是围绕资产服务机构的持续服务能力、履约意愿及履约情况而设定。

2. 作为专项计划的有效补救措施

资产服务机构承担专项计划资金归集和转付的职能，由于国内的资产服务机构多由原始权益人兼任，资产服务机构无独立身份，专项计划的资金归集账户实际就是开立在原始权益人名下。一旦原始权益人涉诉金额较大时，其银行账户可能被司法查封，专项计划如果继续沿用原资金归集路径，可能存在归集账户被冻结的风险，进而影响该专项计划按期兑付本息。此外，在设置权利完善机制的专项计划中，一旦权利完善事件被触发，计划管理人有权宣布基础资产所有权立即转归专项计划，要求停止将回收款支付至监管账户，要求将回收款直接支付至专项计划账户。但是在原始权益人经营状况恶化但尚未触发权利完善事件的情况下，计划管理人只能寻求其他补救措施。更换资产服务机构就成了计划管理人的一个现实选择。

【解任的程序】

当发生资产服务机构解任事件后，计划管理人有义务按照“标准条款”的规定通知所有资产支持证券持有人，并召集、召开有控制权的资产支持证券持有人大会。有控制权的资产支持证券持有人大会决议解任资产服务机构的，计划管理人应立即向资产服务机构（并抄送托管人和评级机构）发出解任通知，解任自计划管理人发送的解任通知上标明的解任日期起生效。但在专项计划启用继任替代资产服务机构之前，“计划说明书”及“标准条款”通常规定被解任的资产服务机构仍应继续提供服务，协助继任资产服务机构（或计划管理人，视具体情况而定）与资产服务相关的机构或人员等办理完毕工作交接手续，使继任资产服务机构能够履行“计划说明书”及“标准条款”约定的职责和义务。

被解任的资产服务机构根据“计划说明书”及“标准条款”所享有的权利、授权和权力自继任资产服务机构正式开始工作日起被终止，但是其根据“计划说明书”及“标准条款”应承担的违约责任，或其他应履行而未履行的责任除外。

【解任与继任】

当原有的资产服务机构被解任，计划管理人面临的最重要工作就是选取可替换的后备资产服务机构。由于《资产证券化业务风险控制指引》以及沪、深交易所各自发布的资产证券化业务指引均未对何时启动后备服务机构替换机制做出明确规定，因此计划管理人对后备资产服务机构的选取工作主要源于交易文件的规定以及有控制权的资产支持证券持有人大会的授权。

一旦计划管理人选取的替代资产服务机构获得有控制权的资产支持证券持有人大会同意后，后备资产服务机构将通过签署一份计划管理人认可的书面文件加入专项计划，成为专项计划的一方当事人。自对替代资产服务机构的委任生效之日起，替代资产服务机构接替被解任的资产服务机构自动承担专项计划项下提供服务的义务。除非已经被明确排除，专项计划项下所有适用于资产服务机构的约定（包括陈述、保证、承诺和赔偿责任），在根据实际情况做出必要调整后同时适用于替代资产服务机构。

第二十四节 备案

【基本解读】

资产证券化业务实行的是备案制管理，计划管理人应当自资产支持专项计划成立日起5个工作日内将设立情况报基金业协会备案。未按规定进行备案的资产证券化产品，不得在证券交易所、全国中小企业股份转让系统、机构间私募产品报价与服务系统、证券公司柜台市场以及中国证监会认可的其他证券交易场所进行挂牌、转让[①]。因此，依法发行的资产证券化产品必须办理备案手续。

【备案规则及要求】

《资产证券化业务管理规定》明确规定：由基金业协会制定备案规则，实施自律管理。据此，基金业协会于2014年12月26日发布《资产支持专项计划备案管理办法》(基金业协会函〔2014〕459号，以下简称《专项计划备案办法》)，对资产支持专项计划备案的总体要求、设立备案的具体要求、备案完成后的日常报告，对计划管理人和其他资产证券化业务服务机构及相关人员的自律管理等进行了详细规定，并将《资产证券化业务风险控制指引》和《资产证券化业务基础资产负面清单指引》作为附件，由基金业协会对专项计划产品备案执行负面清单管理。基础资产不在负面清单中的专项计划产品可在基金业协会进行备案后发行。

① 见《资产证券化业务管理规定》第三十六条。

1. 备案主体、备案义务人

根据《资产证券化业务管理规定》《专项计划备案办法》的有关规定，计划管理人设立资产支持专项计划、发行资产支持证券，应当指定专人通过基金业协会备案管理系统以电子方式报送备案文件。管理人通过设立其他特殊目的载体开展资产证券化业务的，除证监会或基金业协会另有规定的外，比照《专项计划备案办法》执行。

2. 备案的具体要求

(1)备案时间。

根据《专项计划备案办法》规定，计划管理人报送备案文件的具体时点为专项计划设立完成，即资产支持证券按照“计划说明书”约定的条件发行完毕后的5个工作日内。

(2)备案文件的报送要求。

备案文件的报送要求分为一般要求和特殊要求。一般要求是指所有专项计划设立完成后计划管理人均需要报送的文件，包括“备案登记表”“计划说明书”主要交易合同文本等文件的扫描件。特殊要求主要包括两方面：①拟在证券交易场所挂牌、转让资产支持证券的专项计划，计划管理人应当提交证券交易场所拟同意挂牌转让文件；计划管理人向基金业协会报送的备案文件应当与经证券交易场所审核后的挂牌转让申报材料保持一致。②首次开展资产证券化业务的管理人和其他参与机构，还应当将相关资质文件报基金业协会备案。

(3)备案复核程序。

基金业协会在进行备案复核程序时，重点关注以下三个方面：

一是计划管理人对基础资产未被列入负面清单做出承诺；

二是计划管理人对资产支持证券的销售符合适当性要求做出承诺；

三是备案文件齐备符合上述要求的专项计划，基金业协会对备案文件进行齐备性复核，并在备案文件齐备后5个工作日内出具备案接收函。

【备案后的持续报告义务】

备案完成后，当发生资产支持证券挂牌、转让，专项计划变更或终止，计划管理人变更以及信息披露等事项时，计划管理人及其他义务人仍须向基金业协会履行报告程序。

1. 转让场所报告

资产支持证券申请在证监会认可的证券交易场所挂牌或转让的，计划管理人应在签订转让服务协议或获取其他证明材料后5个工作日内，向基金业协会报告。

2. 变更、终止清算报告

备案完成后，专项计划发生变更或终止清算的，计划管理人应就有关情况向基金业协会报告。

3. 专项计划管理人变更报告

专项计划变更管理人，应当充分说明理由，并向基金业协会报告。计划管理人出现被取消资产管理业务资格、解散、被撤消或宣告破产以及其他不能继续履行职责情形的，在依据“计划说明书”或其他相关法律文件的约定选任符合规定要求的新的管理人之前，原管理人应推荐临时管理人，经基金业协会认可后指定为临时管理人。原管理人职责终止的，应当自完成移交手续之日起5个工作日内，向基金业协会报告。

4. 信息披露报告

计划管理人、托管人及其他信息披露义务人按照相关约定履行信息披露义务（包括年度报告、重大事项报告及其他根据专项计划文件须披露的信息等）的，计划管理人应当同时将披露的信息向基金业协会报告。

第二十五节　挂牌

【基本解读】

挂牌，是指为实现资产支持证券在证券交易所、全国中小企业股份转让系统、机构间私募产品报价与服务系统、证券公司柜台市场以及中国证监会认可的其他证券交易场所平台进行转让，计划管理人应向上述证券交易场所申请挂牌。

【挂牌流程】

根据《资产证券化业务管理规定》的要求，上交所、深交所、全国中小企业股份转让系统、中国证券业协会就资产支持证券转让事宜分别制定相关挂牌转让规则，对资产支持证券在相关场所的挂牌转让进行自律管理。

一个资产证券化项目从提出符合挂牌条件申请到完成挂牌的完整流程，通常包括挂牌条件确认、专项计划发行、基金业协会备案以及挂牌申请核对等环节。以深交所为例，资产证券化项目的挂牌流程如图3所示。

从图3可以看出，挂牌流程主要分为发行前和发行后两个阶段：

1. 发行前——挂牌条件确认

这是指对拟在深交所挂牌的资产证券化项目，计划管理人应当在资产支持证券发行前向深交所申请确认是否符合深交所的挂牌转让条件。深交所在收到挂牌条件确认申请后，将根据证监会的规定以及深交所的业务规则对计划管理人提交的材料进行确认，符合挂牌转让条件和要求的，深交所将出具“无异议函”。如果基础资产类型属于重大无先例事项，深交所将就基础资

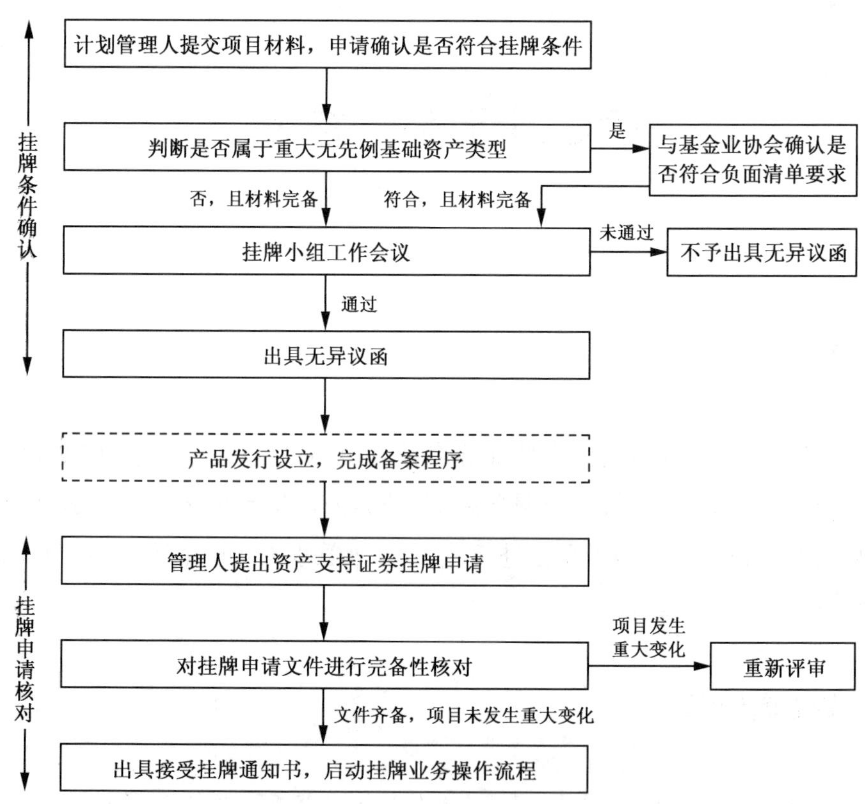

图 3　资产证券化项目的挂牌流程示意图

产类型是否符合负面清单管理要求征求基金业协会的意见。

2. 发行后——挂牌申请核对

这是指资产支持专项计划经基金业协会备案后，计划管理人可直接向深交所提出资产支持证券挂牌申请。深交所对挂牌申请文件进行完备性核对，申请文件齐备的，深交所将出具接受挂牌通知书，启动挂牌业务操作流程①。

除一般资产证券化产品的挂牌流程外，针对特定的基础资产，可能还指定相应的指引，以明确该类基础资产的挂牌条件及流程安排。以 PPP 类资产证券化项目为例，上交所和深交所分别制定《深圳证券交易所政府和社会资本合作(PPP)项目资产支持证券挂牌条件确认指南》《上海证券交易所政

① 见《深圳证券交易所资产证券化业务问答》(2017 年 3 月修订)。

府和社会资本合作(PPP)项目资产支持证券挂牌条件确认指南》,就社会资本方(项目公司)作为原始权益人的PPP项目资产支持证券在深交所挂牌转让申请要求及流程进行了专门约定。

第二十六节　绿色通道

【基本解读】

绿色通道,是指在企业资产证券化业务中,各证券交易所及行业自律协会对于符合条件的优质资产证券化产品,为其建立的受理、评审和挂牌转让、备案等各方面的快速工作通道。截至目前,监管部门仅就政府和社会资本合作(PPP)项目资产证券化和住房租赁资产证券化出台了关于绿色通道的支持性文件。

【PPP项目资产证券化业务的绿色通道】

根据上交所、深交所于2017年2月17日分别发布的《关于推进传统基础设施领域政府和社会资本合作(PPP)项目资产证券化业务的通知》,交易所成立PPP项目资产证券化工作小组,明确专人负责落实相应职责,为符合条件的优质PPP项目资产证券化产品建立绿色通道,以提升受理、评审和挂牌转让工作效率。项目申报阶段实行即报即审,项目受理后5个工作日内出具反馈意见,管理人提交反馈回复确认后3个工作日内召开工作小组会议,明确是否符合挂牌要求。项目挂牌阶段由专人专岗负责,提升挂牌手续办理效率。

2017年7月21日,上交所和深交所又发布《关于进一步推进政府和社会资本合作(PPP)项目资产证券化业务的通知》(以下简称《通知》),为PPP项目资产证券化审批、挂牌开通绿色通道,PPP项目证券化操作层面支持力度进一步增强。《通知》指出,对于各省级财政部门推荐的项目、中国政企合作支持基金投资的项目以及其他符合条件的优质PPP项目,提升受理、评审和挂牌转让工作效率,实行“即报即审、专人专岗负责”。对于申报项目,受理后5个交易日内出具反馈意见,计划管理人提交反馈回复确认后3个交易日内召开挂牌工作小组会议。项目挂牌阶段专人专岗负责,提升挂牌手续办理效率。

基金业协会于同日发布《关于PPP项目资产证券化产品实施专人专岗备案的通知》,针对按照此前《专项计划备案办法》要求协会备案管理系统以电子化方式报备PPP项目资产证券化产品,基金业协会将指定专人负责,在备案标准不放松的前提下,即报即审,提高效率,加快备案速度,优先出具备案确认函。

上交所、深交所及基金业协会的上述通知确立了PPP项目资产证券化申报、审批的绿色通道,并在实务中较大程度地推进了PPP项目资产证券化产品的落地。

【住房租赁资产证券化业务的绿色通道】

2018年4月25日,证监会、中华人民共和国住房和城乡建设部(以下简称“住建部”)联合发布《关于推进住房租赁资产证券化相关工作的通知》,旨在支持符合条件的住房租赁企业结合自身运营现状和财务需求,自主开展住房租赁资产证券化工作。该通知在住建管理和资产证券化两方面为企业的住房租赁资产证券化业务提供了双绿色通道:

一是要求优化租赁住房建设验收、备案、交易等程序。各地住房建设管理部门应对开展住房租赁资产证券化中涉及的租赁住房建设验收、备案、交易等事项建立绿色通道。对于在租赁住房用地上建设的房屋,允许转让或抵押给资产支持专项计划等特殊目的载体用于开展资产证券化。

二是要求优化住房租赁资产证券化审核程序。各证券交易场所和基金业协会应根据资产证券化业务规定，对申报的住房租赁资产证券化项目进行审核、备案和监管，研究建立受理、审核和备案的绿色通道，专人专岗负责，提高审核、发行、备案和挂牌的工作效率。

但与 PPP 项目资产证券化不同的是，除上述通知外，目前各地住建部门、上交所、深交所及基金业协会尚未出台有关住房租赁资产证券化绿色通道的配套规定。

第二十七节　清　算

【基本解读】

清算，是指资产支持专项计划由于存续期满、收益分配完毕等原因终止或提前终止后，由计划管理人按照“计划说明书”的约定成立清算组，对专项计划资产进行保管、清理、估价、变现和分配的程序。

【专项计划清算的基本流程】

计划管理人出具专项计划的终止及清算公告后，该专项计划进入清算阶段。清算阶段的基本流程如下：

1. 组建清算小组

专项计划终止后，由清算小组统一接管专项计划。专项计划的清算小组一般由管理人发起组建，成员通常由计划管理人、托管人、会计师、律师或评估师等组成。其中，管理人、托管人和会计师事务所是清算小组的必备成员，会计师、律师（如有）及评估师（如有）均由计划管理人聘请。

2.清理债权债务、财产估价、编制及通过清算方案

清算小组接管专项计划后,对专项计划资产和债权债务进行清理和确认,对非现金专项计划财产进行估价。清算小组应在前述工作的基础上编制清算方案,并按照“标准条款”的规定,召开有控制权的资产支持证券持有人大会,审议清算方案。有控制权的资产支持证券持有人大会审议通过清算方案的,清算小组应按照经审核的清算方案对专项计划资产进行清理、处置和分配,并注销专项计划托管账户;资产支持证券持有人大会审议未通过清算方案的,清算小组将按照资产支持证券持有人大会的意见修改清算方案,并执行修改后的清算方案。有控制权的资产支持证券持有人未能按照标准条款的规定召开持有人大会对清算方案进行审议的,由管理人对清算方案进行确认。

3. 剩余可分配资产的变现和分配

专项计划终止后的剩余资产,由计划管理人依据清算方案进行处置、变现和分配。对于非现金资产,清算小组可委托资产服务机构进行处置,资产服务机构应在不损害相关方权益的情况下按照市场公允价值处置非现金资产。

剩余可分配资产应按清算方案进行分配,一般分配顺序如下:

(1)支付清算费用;

(2)缴纳专项计划所欠税款(如有);

(3)清偿未受偿的管理费、托管费及其他专项计划费用;

(4)支付优先级资产支持证券持有人未受偿的预期收益;

(5)支付优先级资产支持证券持有人未受偿的本金;

(6)剩余专项计划资产原状返还给次级资产支持证券持有人。

4. 出具清算报告及报告义务

计划管理人应当自专项计划清算完毕之日起10个工作日内,向托管人、资产支持证券持有人出具清算报告,并按照“标准条款”约定的方式进行披露[如管理人的公司官网、证券交易所(仅针对挂牌的资产支持证券)或基金业协会等平台]。清算报告需经具有证券期货相关业务资格的会计师事务所审计。

在上述期间内,计划管理人还应将清算结果向基金业协会报告,同时抄

送对计划管理人有辖区监管权的证监会派出机构。

5. 清算结果的报告及清算账册及有关文件的保存

清算账册及有关文件应按专项计划“标准条款”的规定予以保存，一般由计划管理人和托管机构保存 10 年或以上。

第二十八节　信息披露

【基本解读】

在资产证券化业务中，因资管业务及证券的特性，资金端与资产端之间存在明显的信息差异，计划管理人等相关中介机构作为信息披露的主体，是消弭该等信息差异的主要途径。投资者对于该产品结构、风险与收益的评价判断，主要取决于计划管理人等中介机构对于该等资产的信息披露。因此信息披露的全面性、真实性、准确性以及及时性对于投资者保护而言是至关重要的。

因此有关信息披露，是一个持续且动态的过程，贯穿整个资产证券化业务的始终，自资产证券化产品的发起、销售、运行及至终止。

【信息披露的主体】

《资产证券化业务信息披露指引》规定，管理人及其他信息披露义务人应当及时履行信息披露义务，所披露的信息必须真实、准确、完整，不得有虚假记载、误导性陈述或者重大遗漏。本指引中所称其他信息披露义务人包括但不限于托管人、资信评级机构等。

【信息披露的环节】

1. 发行环节

《资产证券化业务信息披露指引》要求管理人应当在资产支持证券发行前向合格投资者披露“计划说明书”“法律意见书”“评级报告”(如有)等文件。其中,“计划说明书”由管理人编制,应当包括但不限于以下内容:

(1)资产支持证券的基本情况,包括:发行规模、品种、期限、预期收益率(如有)、资信评级状况(如有)以及登记、托管、交易场所等基本情况;

(2)专项计划的交易结构;

(3)资产支持证券的信用增级方式;

(4)原始权益人、管理人和其他服务机构情况;

(5)基础资产情况及现金流预测分析;

(6)专项计划现金流归集、投资及分配;

(7)专项计划资产的构成及其管理、运用和处分;

(8)专项计划的有关税务、费用安排;

(9)原始权益人风险自留的相关情况;

(10)风险揭示与防范措施;

(11)专项计划的设立、终止等事项;

(12)资产支持证券的登记及转让安排;

(13)信息披露安排;

(14)资产支持证券持有人会议相关安排;

(15)主要交易文件摘要;

(16)《资产证券化业务管理规定》第十七条、第十九条和第二十条要求披露或明确的事项;

(17)备查文件(包括与基础资产交易相关的法律协议等)存放及查阅方式。

2. 存续期间的信息披露

按照《资产证券化业务信息披露指引》等要求,在资产支持证券存续期内，计划管理人应在每期资产支持证券收益分配日的两个交易日前向合格投资者披露专项计划收益分配报告，每年4月30日前披露经具有从事证券期货相关业务资格的会计师事务所审计的上年度资产管理报告。托管人应当在计划管理人披露资产管理报告的同时披露相应期间的托管报告。同时聘请资信评级机构针对资产支持证券出具评级报告的，在评级对象有效存续期间，资信评级机构应当于资产支持证券存续期内每年的6月30日前向合格投资者披露上年度的定期跟踪评级报告，并应当及时披露不定期跟踪评级报告。

3. 资管计划清算完毕时的信息披露

按照《资产证券化业务信息披露指引》等要求，计划管理人应当自专项计划清算完毕之日起10个工作日内，向合格投资者披露清算报告。

4. 特定事项的披露

按照《资产证券化业务信息披露指引》等要求，在发生可能对资产支持证券投资价值或价格有实质性影响的重大事件时，计划管理人应及时向合格投资者披露相关信息，并向基金业协会报告。

第二十九节　专项计划设立日

【基本解读】

专项计划设立日为资产支持专项计划正式成立的日期。根据《资产证券化业务管理规定》的相关规定，资产支持专项计划的设立应满足：资产支持证券发行规模达到“计划说明书”约定的最低发行规模，并满足“计划说明书”约定的其他设立条件。当资产支持证券按照“计划说明书”约定的条件发行完毕时，专项计划设立完成。专项计划的管理人将在资产支持证券成功发行后发布设立公告,公告之日即为专项计划设立日。

通常情况下,在设立日,专项计划所募集的资金已全额划付至募集资金账户,且经会计师事务所验资,确认专项计划募集的资金总额达到"计划说明书"约定的目标发售金额;资产支持证券自该日起开始计息。计划管理人自专项计划成立日起 5 个工作日内将设立情况报基金业协会备案,同时抄送对计划管理人有辖区监管权的证监会派出机构。

第三十节　资金归集账户转付日

【基本解读】

在资产证券化业务中,专项计划一般约定一定的归集频率,要求原始权益人将已经转让给专项计划的基础资产所产生的回收款转付至监管账户,再由监管银行将回收款定期向专项计划账户划转。监管银行将回收款(通常不包括回收款在监管账户内产生的利息,该等利息由原始权益人享有)从监管账户划转至专项计划账户之日,为资金归集账户转付日。

资金归集进入监管账户后,除非合同另有约定,否则监管账户中的资金一般只能向专项计划账户划转。这样的安排一定程度上缓解了专项计划基础资产的回收款与原始权益人自有资金的混同风险,也避免了原始权益人对属于专项计划资金的挪用。为了控制前述资产混同与挪用风险,降低回收款归集风险,计划管理人也会根据原始权益人的信用等级调整回收款转付频率,此时资金归集账户转付日将会做相应动态调整。

第三十一节　兑付日、计息期间

【基本解读】

兑付日包括收益兑付日和本金兑付日，是专项计划进行分配，并通过托管人向资产支持证券持有人实际兑付其应分配款项之日。专项计划于收益兑付日分配当期预期收益，于本金兑付日分配当期本金（如有）；托管人则根据结算数据中的预期支付额的明细数据将相应款项划拨至资产支持证券持有人资金账户。兑付日通常为每月的固定日期（如专项计划设立日起满一定日历月之日历对应日），这既方便投资人了解收益分配日期，又方便托管人操作本金收益划转。部分专项计划的标准条款中还会就第一个兑付日、期间兑付日、期末兑付日的具体日期做出规定。

“标准条款”一般规定，计息期间是指自一个兑付日起（含该日）至下一个兑付日（不含该日）之间的期间，其中第一个计息期间应自专项计划设立日（含该日）起至第一个兑付日（不含该日）结束，最后一个计息期间为专项计划止日前一个兑付日（含该日）至专项计划终止日（不含该日）的期间。计息期间的设置主要是作为统计资产支持证券预期收益的核算期间，以便在专项计划的每个兑付日支付相应计息期间的利息。

第三十二节 到期日

【基本解读】

资产支持证券通常有两个到期日——预期到期日和法定到期日。设定这两个日期，是为了向资产支持证券持有人说明其持有的资产支持证券的期限。通常所说的资产支持证券的到期日一般是指预期到期日，即通过对现金流、早偿率、违约率的预测，专项计划各档证券最后一期现金流发生的日期。法定到期日则为处置专项计划资产的清算日期，通常是预期到期日之后的一段时限(晚于预期到期日 2～3 年左右)。若发生资产违约等情况，可以在法定到期日之前通过诉讼决议来清偿资产。法定到期日是指整个专项计划项目的清算日，并不能体现专项计划各档证券的期限差别。

【预期到期日】

预期到期日并非完全固定，可能会根据基础资产回款的变化而发生改变，因此是资产支持证券早偿或逾期的判定标准。如果实际兑付日早于预期到期日，则为提前兑付；如果实际兑付日晚于预期到期日但早于法定到期日，则为逾期兑付；如果实际兑付日和预期到期日为同一日，则为正常兑付。

从资产支持证券持有人角度看，预期到期日比法定到期日更具参考意义。

其一，预期到期日反映了资产证券化产品的预计未来现金流状况，比较接近于资产支持证券的加权平均期限；而法定到期日侧重于整个专项计划的清算日，并不能体现各档证券的期限差别。

其二，预期到期日能够揭示投资的风险。提前兑付会产生再投资风险，逾期兑付会产生资金占用风险和信用风险。

其三，两个日期间隔期往往较长，进一步削弱了法定到期日的参考价值。

【法定到期日】

法定到期日的"法定"并非指现行法律法规的规定，而是更倾向于确定或固定，而预期到期日与法定到期日之间的间隔时间，也没有相应的法律法规予以限制。法定到期日通常作为违约事件的判定标准：如果在预期到期日之后法定到期日之前完成本金和期间利息的足额偿付，则不构成实质违约；如果在法定到期日之后还未能完成足额兑付，则构成实质违约。设置法定到期日的目的为了给针对基础资产进行的追索留足时间，避免出现基础资产追索不足导致资产支持证券持有人分配利益减损的情况出现。

也有观点认为，只要超过预期到期日一定期限未能兑付，或基础资产严重恶化，即便未到法定到期日，也构成违约事件。违约事件并不必然导致实质违约，资产证券化项目中因设置有分层机制或内外部增信机制，高等级证券利益一般能够得到保障；但法定到期日仍未能偿付的，一定构成实质违约。

第三十三节　专项计划终止日

【基本解读】

专项计划终止日指专项计划终止的日期，通常可以理解为特定事件发生之日，即当发生专项计划交易文件中约定的特定事件时，发生该等事件之日即为专项计划终止日。实务中较为常见的，导致专项计划终止的特定事件包括：

(1)发生不可抗力事件导致专项计划不能存续；

(2)专项计划被法院或仲裁机构依法撤销、被认定为无效或被裁决终止；

(3)专项计划设立日后尚未按照《资产买卖协议》的约定完成基础资产的交割；

(4)专项计划资产已全部变现并按照“计划说明书”的约定分配完毕；

(5)在最后一个兑付日，优先级资产支持证券持有人在专项计划项下累计获得足额的本金和预期收益，且剩余专项计划资金已按照“计划说明书”的约定分配完毕；

(6)根据专项计划文件的约定，需要更换计划管理人、资产服务机构、托管人或监管银行，但超过约定天数仍无法找到合格的继任或后备机构，或在已经委任后备机构的情况下，该后备机构停止根据专项计划文件提供后备服务，或前述后备机构被解任或辞任时，未能根据专项计划文件的规定任命继任者；

(7)法定到期日届至；

(8)由于法律或法规的修改或变更导致继续进行专项计划将成为不合法；

(9)专项计划目的无法实现；

(10)有控制权的资产支持证券持有人大会决定终止；

(11)法律或中国证监会规定的其他情形。

根据《资产证券化业务管理规定》的相关规定，专项计划终止的，计划管理人应承担后续的清算义务和披露义务。计划管理人的清算义务包括按照“计划说明书”的约定成立清算组，负责专项计划资产的保管、清理、估价、变现和分配，并聘请具有证券期货相关业务资格的会计师事务所对清算报告出具审计意见。计划管理人的披露义务包括：专项计划清算完毕后，计划管理人应当在10个工作日内向托管人、资产支持证券投资者出具清算报告，并将清算结果向基金业协会报告，同时抄送对计划管理人有辖区监管权的证监会派出机构。

第六章

交易文件

第一节　计划说明书

【基本解读】

“计划说明书”是整个资产支持专项计划中最核心也是最重要的文件。“计划说明书”的编制主体为计划管理人，计划管理人开展资产证券化业务，必须按照基金业协会《资产支持专项计划说明书内容与格式指引（试行）》（以下简称《计划说明书内容与格式指引》）的要求订立资产支持专项“计划说明书”，并应当在资产支持证券发行前向合格投资者披露。

“计划说明书”的内容和格式均须遵循统一的规定。《信息披露指引》对“计划说明书”必须包含的内容进行了明确规定。《计划说明书内容与格式指引》则要求“计划说明书”应当按照其规定的结构、体例及各项标题撰写。因此，所有资产支持专项“计划说明书”的格式基本相同，分为文首、释义及正文三个主要部分，部分“计划说明书”在正文结束后还附有当期财务报表等作为附件。具体如下：

(1)“计划说明书”的文首通常介绍产品特性，做出主要风险提示以及免责声明。这里的风险提示仅限于简要揭示专项计划的主要风险，而非全部风险，也不包括对风险的防范及应对措施，后者内容将在第十章予以详细披露。

(2)释义条款虽非正文，但却是十分重要的部分。释义中对于专项计划中一些专业术语的解释，例如，对基础资产的定义、对专项计划所涉及日期和期间的定义、对专项计划涉及的事件定义等，直接反映了交易的实质条件和关键信息。

(3)正文共分为十八章，每一章下面又细分为若干小节及子项，管理人须按照《计划说明书内容与格式》规定的章节编号及标题撰写正文内容，可以额外扩充章节，增加披露信息，但不能少于规定的内容。正文的基本逻辑是从各方当事人的权利和义务开始，披露资产支持证券的基本情况，到专项计划的交易结构和信用增级方式，接着介绍基础资产的情况及现金流预测分析，再到专项计划现金流的归集和流向、怎么使用和分配资金，最后到资产支持证券的销售、设立、转让、终止、信息披露等事宜。通常投资人比较关注的是一开始的主要风险提示，资产支持证券的基本情况，基础资产的基本情况及现金流的归集分配等。这些内容可以帮助投资者迅速了解专项计划产品的概貌。

【“计划说明书”的性质】

“计划说明书”的性质是什么？

首先，它是资产证券化产品最重要的信息披露载体。从名称上讲，“计划说明书”的重点在于“说明”，它集合了各中介机构的专业意见，全面阐述了专项计划各个方面、各个环节的内容。投资者通过阅读“计划说明书”，基本上可以对专项计划及其基础资产的情况、投资运作及资金流向分配的所有细节问题、各交易文件的主要内容，以及各参与方的职责、权利和义务做到了然于胸，并可据此做出投资决策。因此，所有可能影响投资者决策的事项均需要在“计划说明书”中充分披露。

其次，“计划说明书”虽然形式上不是协议，但确是一项对参与专项计划的各个主体具有约束力的法律文件。“计划说明书”正文第一章约定了各方当事人的权利和义务，不仅包括了资产支持证券持有人、计划管理人和托管人，还包括了其他参与机构的权利和义务。在此后的各章节中，“计划说明书”对于资产支持证券的发行条件及设立条件、基础资产现金流的归集和分配、资产支持证券持有人会议的召集程序及持有人会议规则的规定、违约责任及争议解决等对交易各方都具有法律效力。在资产支持证券的募集发行过程中，“计划说明书”（与《认购协议》、“标准条款”一同）构成了向投资者做出的交易要约，一旦投资者认购资产支持证券，便代表了投资者接受了“计划说明书”中的约定事项。

如果在资产支持证券实际发行过程中，原始权益人或计划管理人需要对“计划说明书”内容做出变更，需要向交易所提交重大事项变更申请。这个申请的法律性质就是改变要约内容的程序性要件。若要改变或变更“计划说明书”的内容和约定，应该根据“计划说明书”等交易文件的事先约定，履行相应程序，通知投资者，投资者可以做出是否接受改变的选择。

第二节　标准条款

【基本解读】

“标准条款”是由专项计划的计划管理人订立，用于阐明资产支持证券类别及特征，规定专项计划的账户设置及分配顺序，明确专项计划的计划管理人与资产支持证券持有人之间的权利和义务关系的法律文件。"标准条款"是《认购协议》不可或缺的组成部分,《认购协议》是由计划管理人与认购人双方就认购资产支持证券份额签署的合同。"标准条款"、《认购协议》和"计划说明书"共同构成计划管理人与认购人之间签订的资产管理合同,也是专项计划的发行文件。

【"标准条款"的主要内容】

"标准条款"约定了计划管理人和资产支持证券持有人的主体身份,双方的权利和义务,并明确约定了认购资金的委托管理、交付、接收、存放、保管和返还,专项计划的名称、类型、目的、投资范围、期限与规模、设立与终止,专项计划资金的运用与收益,资产支持证券的品种和基本特征,资产支持证券的取得、登记、转让,专项计划账户管理,专项计划费用,专项计划的分配,信息披露,有控制权的资产支持证券持有人大会,计划管理人的解任和辞任,风险揭示,专项计划终止,违约责任,不可抗力,保密义务,法律适用和争议解决,合同成立与生效等重大事项。

【"标准条款"与"计划说明书"的异同】

"标准条款"通常囊括"计划说明书"的主要内容,但又与"计划说明书"有着明显的区别。"标准条款"更接近于一份由计划管理人和资产支持证券认购人就参与专项计划及认购资产支持证券而签订的合同文件,故其内容主要集中在专项计划认购人(资产支持证券持有人)与计划管理人之间的权利和义务的分配,以及围绕专项计划和资产支持证券本身的设立、发行、基本特征、管理、费用、收益分配及资产支持证券持有人大会进行约定。并且,"标准条款"在其结尾部分通常具备商业合同中较为固定的专项法律条款,诸如不可抗力、保密义务、法律适用、通知、可分割性、修改、弃权、标题及完整协议条款等,这些均为"计划说明书"没有的内容。

而"计划说明书"中偏重于说明性的内容,例如专项计划交易结构、参与交易各相关方的介绍、基础资产情况及现金流预测分析、原始权益人风险自留的相关情况、风险揭示与防范措施等章节内容均未在“标准条款”中体现。

“标准条款”和“计划说明书”的内容，尤其是两者重合的内容应当是一致的，不应存在互相冲突之处。而对于可能的冲突风险，“标准条款”通常在其条款中阐明，其与“计划说明书”内容如果存在不一致的，以“计划说明书”约定为准。“标准条款”“计划说明书”及《认购协议》共同构成了认购人与计划管理人有关参与资产支持专项计划及购买资产支持证券交易达成的唯一、最终和完整的表述。

第三节　认购协议与风险揭示书

【基本解读】

《认购协议》，即《资产支持证券认购协议》与“风险揭示书”是由计划管理人与资产支持证券的认购人签署的专项协议，也是资产支持专项计划必备的交易文件之一。

《资产证券化业务管理规定》第三十三条规定，专项计划的管理人以及资产支持证券的销售机构应当采取下列措施：“（二）向投资者充分披露专项计划的基础资产情况、现金流预测情况以及对专项计划的影响、交易合同主要内容及资产支持证券的风险收益特点，告知投资资产支持证券的权利和义务；（三）制作风险揭示书充分揭示投资风险，在接受投资者认购资金前应当确保投资者已经知悉风险揭示书内容并在风险揭示书上签字。”

上述第（二）项内容通常在“计划说明书”和“标准条款”中载明，但这两份文件本身并不具备合同形式。计划管理人通过《认购协议》条款中对该两份文件的引述，以及投资者在风险揭示书末尾的“认购人声明”中对“计划说明书”相关内容的确认，将“计划说明书”“标准条款”和《认购协议》整合为一份完整的资产管理合同，一旦投资人签署认购协议，就代表投资人已经就购买资产支持证券做出了承诺，合同生效。由于风险揭示书与《认购协议》正文紧密相连，因此投资人同时也需要签署风险揭示书，确认愿意自行承担参与资产支持专项计划的风险和损失。

【各方主体及主要内容】

基金业协会在 2014 年 12 月 24 日发布的《专项计划备案办法》及配套规则中，分别就个人投资者和机构投资者制定了《资产支持证券认购协议与风险揭示书》的示范文本，此后便成了市场上通常使用的专项计划认购协议的基础文本。现将该协议主体和结构简述如下：

《认购协议》中的签约主体有两个：计划管理人和认购人。认购人应当符合《资产证券化业务管理规定》有关合格投资者的各项资质要求。

《认购协议》由协议正文和“风险揭示书”两部分组成。协议正文的核心条款是认购人(即资产支持证券投资人)对资产支持证券的购买及款项支付安排，以及计划管理人对资产支持证券的托管及收益分配的承诺。此外，该协议中通常将“计划说明书”和“标准条款”的内容一并纳入，即“计划说明书”和“标准条款”构成该协议不可分割的一部分；认购人签署本协议即意味着其对“计划说明书”“标准条款”等专项计划文件的承认和接受，认购人作为专项计划当事人并不以在“计划说明书”“标准条款”等专项计划文件上书面签署为必要条件。

作为《认购协议》组成部分的“风险揭示书”，其主要内容则是对专项计划、基础资产、现金流、资产支持证券及其他相关的技术、税务、政策及不可抗力等各项风险进行概述性提示并说明风险的承担方。认购人在阅读“风险揭示书”后，须承诺和保证已经认真阅读并完全理解“计划说明书”中涉及上述风险的章节所有内容，并签字盖章。

第四节　资产买卖协议

【基本解读】

《资产买卖协议》是由计划管理人与基础资产的权益人(或包括底层资产权益人)签署的、约定专项计划基础资产的转让,以及交易当事人之间的基本权利和义务等具体事项的合同文件,属于资产支持专项计划的交易文件之一。

【主要内容】

《资产买卖协议》的主要内容包括了基础资产买方(计划管理人)和卖方(原始权益人)的主体身份,双方的权利和义务及陈述保证,并明确约定了基础资产、购买方式、购买价款及支付、资产交割方式、先决条件、资产的各种回购、资产池监控(如有)、专项计划回收款、交易费用、违约责任、不可抗力、保密义务、法律适用和争议解决、合同成立与生效等重大事项。

【专项计划中《资产买卖协议》的几个要素】

1. 买卖标的物

由基础资产及基于基础资产产生的所有权益组成,包括现时的和未来的、现实的和或有的全部所有权、从权利(担保或共同还款承诺等)及相关附属权益。相关附属权益通常包括:

(1)基础资产所产生的到期或将到期的全部还款;

(2)基础资产被清收、被回购,或者被以其他方式处置所产生的回收款;

(3)请求、起诉、收回、接受与基础资产相关的全部应偿付款项的权利;

(4)来自与基础资产相关承诺的利益及强制执行基础资产的全部权利和法律救济权利。

2. 基础资产的购买方式

对于以券商融出资金债权,租金收入,小贷资产等期限较短、数量较多且较为分散的资产作为基础资产的资产支持专项计划而言,通常设有循环购买机制。因此基础资产的购买方式包括初始购买和后续循环购买。初始购买是指专项计划设立后,买方在专项计划设立日向卖方购买并受让基础资产;后续循环购买是指专项计划存续期间专项计划获得回收款的,买方可利用专项计划可用资金以循环投资的方式进一步向卖方购买并受让符合标准的基础资产。

3. 价款及支付

《资产买卖协议》中的基础资产购买价款即为专项计划的募集金额。该等价款支付通常设有先决条件,其中最重要的一条即为专项计划设立。一旦专项计划设立,通常在当天或次日,计划管理人将从专项计划募集账户中将价款划至卖方银行账户,用于支付基础资产的购买价款。而对某些存在抵押或质押的基础资产而言,购买价款将首先划给债权人以解除抵押和质押,使基础资产满足合格资产条件,剩余款项再支付给卖方。

对于存在资产循环购买安排的专项计划来说,在循环购买期内,买方将在每个循环购买日按协议规定的流程,利用专项计划可用资金向卖方循环购买符合合格标准的新增基础资产。循环购买期届满后,循环购买终止。

在触发回购之时,《资产买卖协议》通常会约定除现金外,卖方可使用符合合格标准的基础资产回购相应的不合格基础资产或不良基础资产。

4. 基础资产的交割

由于每个专项计划的基础资产不同,因此初始购买时的交割方式不尽相同,有以买卖双方签署"交割确认函"作为交割标志的,也有以计划管理人将基础资产清单交付给原始权益人后完成交割的,但不论如何,资产交割均是以付清购买价款作为前提条件。

5. 基础资产的回购

基础资产的回购主要包括以下三种情况：

一是对基础资产是由多项财产权利或财产组合构成的资产组合的，一旦其中出现了不良、不合格或风险资产（按“标准条款”的定义），原始权益人有义务以现金或合格资产对这些有问题的资产进行回购；

二是因计划管理人发出回售通知或原始权益人主动对全部基础资产进行回购；

三是当发生加速清偿事件或违约事件时，原始权益人有义务回购剩余基础资产。

6. 专项计划的回收款

基础资产虽然转让给了计划管理人，但由于卖方通常也是专项计划的资产服务方，负责归集和向专项计划账户划拨基于基础资产而产生收入，因而《资产买卖协议》对此也会有专章规定。

此外，基于交易文件内容一致性的考虑，《资产买卖协议》中通常有关不可抗力、保密条款、法律适用与争议解决等相对固定的法律条款与标准条款的相应内容都是基本保持一致的。

第五节 服务协议

【基本解读】

《服务协议》，即《资产支持专项计划服务协议》是由计划管理人与资产服务机构签署的，规定由资产服务机构为资产支持专项计划提供持有、处置及收取基础资产收益有关的管理服务及其他服务等具体事项的合同文件，属于资产支持专项计划的交易文件之一。

由于专项计划购买的资产是基础资产产生的未来现金流，因此需要专门人员进行归集和支付。对于收益权类的基础资产，还要求原始权益人有持续经营能力。这些工作无法由计划管理人来完成，尤其是后者，需由原始权益人自行完成。在一般的专项计划中，原始权益人不仅是基础资产的卖方，也同时充当了资产服务机构的角色，为专项计划提供基础资产的后续现金流归集和运营管理服务。为此，计划管理人（代表专项计划）需要与作为资产服务机构的原始权益人另行签订一份资产服务协议，接受资产服务机构提供的服务，明确工作责任以及双方的权利和义务。

【《服务协议》的主要条款】

《服务协议》主要条款包括对资产服务机构的委任、具体委托和授权的管理及服务事项、管理服务的内容、服务费及相关税费、服务期限、计划管理人和资产服务机构各自的权利和义务、资产服务机构的更换，以及违约责任、不可抗力、保密义务、法律适用和争议解决，协议的生效与终止等重大事项。除正文外，《服务协议》还包含若干附件，包括计划管理人向资产服务机构发出的账户划付授权书（格式）资产服务机构解任通知（格式），以及将由资产服务机构定期出具的资产服务机构报告（样本）。

【主要事项及内容】

管理服务条款是《服务协议》的核心条款，通常由以下内容组成：

1. 计划管理人委托资产服务机构具体管理的事项

该事项通常包括基础资产文件的记录和管理、台账管理、债权的催收、代为划付资金、提起诉讼、保存档案等。因此为完成代为划付资金工作以及实时查询专项计划账户的余额和交易明细所需，计划管理人将向资产服务机构出具资产划付授权书。

2. 资产服务机构的服务内容

（1）基础资产的管理，主要是对购买的基础资产的状况进行持续监控，对相应基础资产项下的应收款进行清算及催收，必要时代表专项计划提起诉讼、仲裁。

（2）如果基础资产是由大量分散资产组成的资产池，则资产服务机构有义务对资产池进行实时监控，根据计划管理人的要求随时提供相关数据。

（3）对基础资产中债权担保物的变动及孳息情况进行持续关注、监督。

（4）归集和划转基础资产产生的回收款。

（5）定期向计划管理人提交约定格式的资产服务机构报告。

3. 受托基础资产的独立性

资产服务机构受托管理基础资产，有义务将基础资产与其自有财产以及其他受托管理的资产进行分别保存、分开管理。委托方（计划管理人）以及专项计划托管机构均有权实时查看和监控。对于基础资产变动情况主要在电子业务系统中体现的（如券商融出资金债权），资产服务机构还有义务确保该业务系统对计划管理人及托管机构开放。

除了提供上述与基础资产购买及回收有关的日常管理服务外，资产服务机构通常有责任参加与基础资产有关的法律程序。例如，基础资产为应收账款债权收益权的，资产服务机构有义务诉请债务人根据相关的基础合同偿还债务，并参与相关的强制执行程序、债务人的破产清算程序和其他相关法律程序，并签署和交付任何必要的通知、请求、权利主张、书面请求及与上述法律程序有关的其他文件和法律文书。

【《服务协议》的对价】

在资产服务机构同时是原始权益人的情况下，通常不收取服务费用。此外，资产服务机构在处理与基础资产相关的事宜时所产生的执行费用及相关税收，也通常由资产服务机构（即原始权益人）自行承担。

第六节 托管协议

【基本解读】

《托管协议》，即《资产支持专项计划托管协议》是由计划管理人与托管人签署的、委托托管人为资产支持专项计划提供托管服务的具体合同文件，属于资产支持专项计划的交易文件之一。

托管人是为资产支持证券持有人的利益，按照规定或约定对专项计划相关资产进行保管，并监督专项计划运作的商业银行或其他机构[①]。由于专项计划中基础资产的认购资金以及运用管理认购资金而形成的全部资产（包括基础资产本身、合格投资、回收款以及其他根据专项计划文件属于专项计划的资产）均须与计划管理人和资产服务机构的自有资产进行风险隔离、独立管理，而从银行账户上实现独立核算是进行风险隔离和独立管理的最有效方式，因此专项计划中的托管人通常由商业银行担任。尽管《资产证券化业务管理规定》对托管人的职责做了规定，但由于其较概括，因此有关托管的具体工作范围、实施方式以及计划管理人与托管人之间的权利和义务关系等仍需要由一个完备的协议文件来约定。

【《托管协议》的主要条款】

《托管协议》的主要条款包括对托管人的委任、托管事项、计划管理人和托管人的权利和义务、双方的陈述和保证、与专项计划有关的账户的开立和

① 见《资产证券化业务管理规定》第六条。

管理、划款指令的确认/发送/执行、资金的保管和运用、专项计划的会计核算、信息披露及相关报告、计划管理人与托管人之间的业务监督、托管人的变更、托管费，以及协议终止、违约责任、保密义务、不可抗力、法律适用和争议解决等重大事项。除正文外，《托管协议》还包含若干附件，主要为计划管理人的一些书面授权及划款指令等样本文件，以及由托管人出具的托管报告格式。

【《托管协议》的主要事项及内容】

1. 被托管的资产

被托管的资产主要由两类组成：一是认购人根据《认购协议》及"标准条款"交付的认购资金；二是专项计划成立后，计划管理人按照"标准条款"管理、运用认购资金而形成的全部资产及其任何权利、权益或收益（包括但不限于基础资产、合格投资、回收款以及其他根据专项计划文件属于专项计划的资产）。

2. 计划管理人和托管人的权利和义务

（1）计划管理人的权利和义务。

计划管理人的权利主要是向托管人发送划款指令，指令托管人将专项计划的认购资金用于购买基础资产或进行合格投资并分配专项计划资产，以及监督托管人的托管行为。发送划款指令的人员须由计划管理人专门书面授权，并按照《托管协议》规定的格式制作及发送划款指令。

当因托管人过错导致专项计划资产产生任何损失时，计划管理人有权代表资产支持证券持有人向托管人追偿。计划管理人也有权解任托管人。上述这些既是计划管理人的权利，又是其义务所在。

（2）托管人的权利和义务。

①托管人的权利。

托管人最重要的权利是监督计划管理人对专项计划资金的管理运用。一旦托管人发现计划管理人的划款指令内容或其金额与"标准条款"和《托管协议》、"验资证明""收益分配报告"及"资产管理报告"不符的，有权拒绝执行,并要求其改正。因计划管理人过错导致专项计划资产产生任何损失时,托管人也有权向计划管理人进行追偿。

②托管人的义务。

《资产证券化业务管理规定》对于托管人的职责进行了规定。托管人义务的核心是妥善保管专项计划托管账户内资金,确保专项计划托管账户内资金的独立和安全,依法保护资产支持证券持有人的财产权益。基于此项职责,托管人对于计划管理人发送的划款指令依据"标准条款"、《资产买卖协议》等文件对划款的用途进行审核,审核无误后执行计划管理人的划款指令,负责办理专项计划名下的资金往来。托管人对划款指令的审核为形式审核,托管机构对执行计划管理人的合法指令造成的专项计划资产或资产支持证券持有人的损失不承担赔偿责任。除此之外,托管人的主要职责还包括制作并按时向计划管理人提供"托管报告",通知计划管理人可能对资产支持证券持有人权益产生重大影响的临时事项,妥善保存与专项计划托管业务有关的记录专项计划业务活动的原始凭证、交易记录等。

3. 专项计划的托管账户

该账户由计划管理人委托托管人在托管人的营业机构开立。专项计划的一切货币收支活动均须通过专项计划账户进行。托管账户的银行预留印鉴由托管人印鉴组成,并由托管人保管。专项计划托管账户的资金汇划常规方式为网上银行,在网银系统发生故障的情况下可使用纸质资金汇划凭证至托管人柜台办理划款。托管人和计划管理人都不得使用专项计划的任何银行账户进行专项计划业务以外的活动。

4. 托管人的解任

当发生托管人解任事件时,计划管理人将按照"标准条款"的规定召集有控制权的资产支持证券持有人大会,由有控制权的资产支持证券持有人大会选任后备托管人。在托管人的解任生效后的确定时间段内,卸任的托管人应当向继任托管人交付或提供与专项计划有关的全部托管资料和专项计划资金,并在继任托管人启用之前按照"计划说明书"及"标准条款"的约定继续提供服务。

5. 托管费

与资产服务机构通常不收取服务费用不同，托管人提供的托管服务是有偿的。计划管理人与托管人在《托管协议》中约定托管费的年费率，由计划管理人在专项计划的存续期间对专项计划资产进行核算，计算截止每个分配日应提取的托管费；托管人复核确认后，于每个分配日内从专项计划托管账户中一次性扣收。

第七节　监管协议

【基本解读】

《监管协议》，即《资产支持专项计划监管协议》是由计划管理人、资产服务机构（一般由原始权益人担任）、监管人签署的专项协议，由监管人根据《监管协议》对资金监管账户内的认购资金及基础资产回款进行监管。《监管协议》是资产支持专项计划的交易文件之一，但并非必备的交易文件。原因是监管人并非专项计划的必备交易方，如果专项计划不设置监管人，也就没有监管协议了。

【各方主体及监管范围】

《监管协议》中有三方主体，其中：

（1）监管人，通常是为了资产支持证券持有人的利益，接受计划管理人和资产服务机构的委托，按照《监管协议》约定对资产服务机构以其自身名义在监管人处开立的专门账户进行监督、记录和提供资金划付服务的商业银行。监管人的工作及服务受到计划管理人的监督。

专门账户即监管标的物，是指用于接收专项计划基础资产所产生回收款的银行收款账户或资金归集账户，或其他专用账户（如赎回准备金账户），也被统称为监管账户。为确保监管目的的实现，监管账户不具有取现、透支、通兑或网上银行、电话银行、手机银行等支付功能，不办理任何借记签约。监管期间，该账户内资金只能划付至专项计划账户（即托管账户），不可划付至任何其他账户。

(2)被监管主体，是指资产服务机构，其同时作为原始权益人接受并配合监管人和计划管理人根据《监管协议》对专项计划的上述账户进行监管。

(3)计划管理人，在《监管协议》中主要是作为监管工作的委托方，并对监管人和资产服务机构的业务工作进行监督。

【《监管协议》的主要条款】

《监管协议》的主要条款包括对监管人的委任，计划管理人/监管人/资产服务机构的陈述和保证，资金监管账户的设置、使用与管理，业务监督（计划管理人和监管人对资产服务机构的监督、计划管理人对监管人的监督），协议主体的变更和权利与义务的转让（监管人的解任、继任监管人的委任、计划管理人及资产服务机构的更换等），监管费，以及协议终止、违约责任、保密义务、不可抗力、法律适用和争议解决等重大事项。除正文外，《监管协议》还包含若干附件，如计划管理人和资产服务机构向监管人出具的“账户划付授权书（格式）”，以及划款指令授权通知书、划款指令等（具体通常以监管银行的规定为准）。

【各方在《监管协议》下的主要权利和义务】

1. 监管人的权利和义务

(1)资金划付。

根据资产服务机构的指令，于每个资金划付日（包括但不限资金收款/归集账户转付日或赎回划款日等）将监管账户内的全部款项在扣除相应税款后的余额转划至专项计划托管账户。在划付之前,监管人有义务对划款指令、支付凭证进行形式性审查。若形式性审查发现资产服务机构的划款指令、支付凭证违反法律法规或者《监管协议》约定的,监管人有权拒绝执行。

(2)对账。

监管人与资产服务机构于固定周期内对监管账户中的金额进行对账,如双方记账存在不一致之处,应有义务核对资金到账记录等资料,以纠正错误,并有义务将此情况及问题解决的结果通知计划管理人。

(3)记录和通知。

监管期间,监管人应依据《监管协议》的规定监督并记录监管账户的资金划拨,但对用于划拨至专项计划账户的款项金额不予审核。对以下重要信息及重要事件的发生,监管人有义务在要求的时间内通知计划管理人:

①监管账户的收付款情况(包括现金流入、流出及结息情况);

②当监管人发觉收到其他任何第三方拟对专项计划资金归集账户做出任何索偿或行动的通知;

③资产服务机构提出更换归集账户或归集账户预留印鉴的要求的;

④归集账户被查封、冻结及其他情形而不能履约划转现金款项的,以及监管协议约定的其他情况。

(4)保管账户资料。

监管账户在办理开户手续时签订的合同文本、开户资料原件以及预留银行印鉴卡原件等相关文件,在《监管协议》持续期内均由监管人负责保管和使用。

(5)收取监管费。

监管人有权依据《监管协议》的约定收取或不收取监管费。

2. 资产服务机构的主要权利和义务

资产服务机构应以自身名义在监管人处开立监管账户,向计划管理人及托管人开放查询权限,并负责按时将专项计划基础资产所产生的回收款及其他专项款转付至监管账户。资产服务机构将指令监管人于每个资金收款或归集账户转付日将专项计划资金收款或归集账户内的回收款转划至专项计划托管账户。此外,资产服务机构还有义务配合监管人对于固定周期内监管账户内的资金进行对账，配合和协助计划管理人对监管账户进行监督、核查。

在监管期间内监管账户被法律、法规或有权机关要求冻结、扣划或因其他情形而不能按约定方式使用的，资产服务机构有义务按照计划管理人的要求在监管人处开立新的人民币结算账户取代上述被冻结的监管账户。

3. 计划管理人的主要权利和义务

计划管理人有权随时调看监管账户中的资金进出情况，查看该账户的明细记账、原始凭证和银行对账单等相关文件。一旦计划管理人发现监管人的行为违反监管协议的规定，有义务以书面形式通知监管人限期纠正。在限期内，计划管理人有权随时对通知事项进行复查，督促监管人改正。如监管人对计划管理人通知的违规事项未能在合理限期内纠正的，计划管理人有权依据《监管协议》要求监管人承担违约责任或解任监管人。

第八节　增信文件

【基本解读】

增信文件，是指有关对资产证券化过程中的增信机制进行约定和交易的文件。如我们在第五章第十四节中所述，资产证券化的信用增级分为内部增信和外部增信两种方式。内部增信是从基础资产的结构设计角度出发，主要包括结构化分层、超额抵押、超额利差等；外部增信则是以主体信用或资产担保为主，主要包括由原始权益人或主体信用较强的第三方主体提供差额支付承诺、资产抵质押、回购承诺等。在收费收益权类的资产证券化产品中，原始权益人通常还会以收费权进行质押的方式提供增信。对应到增信文件，内部增信通常是指内嵌在交易结构之中，在“标准条款”和“计划说明书”中已就内部增信的形式、触发机制及适用进行了确定，无须再另行约定。而对于外部增信而言，由于通常需要到第三方，因此有必要由资产证券化管理人代表资产证券化与提供外部增信的主体共同签署相应的增信文件或由外部增信方出具单方承诺函方式予以明确，如“担保合同”“抵质押合同”“流动性支持承诺函”“维好协议”或“维好承诺函”等。

对于外部增信行为，尽管可能因不同的增信设计和表述会被认定为保证担保、债务加入或独立合同义务，当该等增信方为《公司法》项下的法人时，还需受到《公司法》的相关规制和约束。《公司法》第十六条规定：“公司向其他企业投资或者为他人提供担保，依照公司章程的规定，由董事会或者股东会、股东大会决议；公司章程对投资或者担保的总额及单项投资或者担保的数额有限额规定的，不得超过规定的限额。公司为公司股东或者实际控制人提供担保的，必须经股东会或者股东大会决议。前款规定的股东或者受前款规定的实际控制人支配的股东，不得参加前款规定事项的表决。该项表决由出席会议的其他股东所持表决权的过半数通过。”

《九民纪要》明确规定：“法定代表人以公司名义与债务人约定加入债务并通知债权人或者向债权人表示愿意加入债务，该约定的效力问题，参照本纪要关于公司为他人提供担保的有关规则处理。”《民法典》对此也在立法层面予以回应确认，其第五百五十二条规定，第三人与债务人约定加入债务并通知债权人，或者第三人向债权人表示愿意加入债务，债权人在合理期限内未明确拒绝的，债权人可以请求第三人在其愿意承担的债务范围内和债务人承担连带债务。

同时《最高人民法院关于适用〈中华人民共和国民法典〉有关担保制度的解释》也明确“法定代表人依照《民法典》第五百五十二条的规定以公司名义加入债务的，人民法院在认定该行为的效力时，可以参照本解释关于公司为他人提供担保的有关规则处理”。

因此，除签署和出具的外部增信文件外，还需要增信主体提供相应的内部决策文件，以确保该等外部增信文件的有效性。同时，当该等增信方为自然人时，还需考虑我国《婚姻法》下“夫妻共同财产”的相关规制约束，并要求增信方提供有关支持文件，例如配偶的“同意函”等。

第三部分

资产证券化实务问题解析

专题一

资产证券化的法律性质

一、关于资产证券化法律性质的观点

《资产证券化业务管理规定》将资产证券化业务界定为以基础资产所产生的现金流为偿付支持，通过结构化等方式进行信用增级，在此基础上发行资产支持证券的业务活动。同时将我国《证券法》《证券投资基金法》《暂行办法》作为其上位法或制定依据，但有关资产证券化或资产支持证券的法律性质未有明确述及，导致理论和实践中对此多有争议和讨论，主要有信托、委托代理和无名合同关系三种观点：

（一）信托

该种观点认为，因信托关系具有良好的财产隔离机制，且直接受我国《信托法》保护，故信托是资产管理的优选方式。支持资产支持专项计划是信托的观点认为，资产支持专项计划依据《资产证券化业务管理规定》的相关规定设立，而《资产证券化业务管理规定》的上位规范为《证券法》《证券投资基金法》《暂行办法》，而《证券投资基金法》的上位法是《信托法》，因此，专项计划属于一种信托，而计划管理人，即《信托法》规定的受托管理人。

也有观点认为，我国的主要理财产品（如信托公司的集合资金信托计划、证券公司资产管理业务、基金管理公司的证券投资基金与特定客户资产管理业务、保险公司有投资理财功能的创新险种及商业银行的综合理财业务）虽然在产品名称、参与主体与合同内容存在部分差异，但其最核心的法律关系是信托[①]。事实上，在《资产证券化业务管理规定》（征求意见稿）中，就有“专项计划资产为信托财产，独立于原始权益人、管理人、托管人、资产支持证券投资者及其他业务参与机构的固有财产”的表述，只是在最终定稿时该条被删除了，而之后公布的《资产证券化业务管理规定》也未直接认定其为信托。

而反对成立信托法律关系的主要论点是我国金融产品长期处于分业监管之下。《证券法》第六条规定：“证券业和银行业、信托业、保险业分业经营、分业管理。证券公司与银行、信托、保险业务机构分别设立。”《信托法》第四条规定：“受托人采取信托机构形式从事信托活动，其组织和管理由国务院制定具体办法。”而证券公司或基金管理子公司不具备信托营业牌照，如认定资产支持专项计划为信托不符合我国分业监管的要求[②]，司法界也因此质疑过将理财产品认定为信托的效力[③]。

（二）委托代理

该种观点认为，我国分业监管的体制无法被打破，在缺乏信托公司和信托制度的支持下，证监会主导的企业资产证券化只能适用民法的委托代理制度。因此，计划管理人与资产支持专项计划持有人之间的关系应受我国《民法通则》《民法总则》及《合同法》（自 2021 年 1 月日起《民法通则》《民法总则》及《合同法》均已被《民法典》所废止替代）关于委托法律关系的相关规定调整。在该委托代理的解释中，资产支持专项计划持有人对基础资产直接享有所有权，当委托人为复数时，各委托人按份共有基础资产[④]。

（三）无名合同关系

该种观点认为，当前资管产品如界定为信托，则可能缺乏法律及监管支

---

① 季奎明.论金融理财产品法律规范的统一适用[J].环球法律评论，2016，38(6)：93－106.

② 沈朝晖.企业资产证券化法律结构的脆弱性[J].清华法学，2017，11(6)：61－74.

③ 李永祥主编.委托理财纠纷案件审判要旨[M].北京：人民法院出版社，2005：49－50.

④ 沈朝晖.企业资产证券化法律结构的脆弱性[J].清华法学，2017，11(6)：61－74.

持，而界定为委托则违背了资管安排的本意。因此，对于法律关系并不明确的资管产品，应认真观察并分析其中的权利和义务的安排，而无须纠结其究竟属于信托还是委托[①]。此时，计划管理人应当按“计划说明书”“标准条款”等相关文件中约定的条款承担相应义务。

二、立法与司法的回应

我国最早直接针对“资产管理”的部门规章——《证券公司客户资产管理业务管理试行办法》——确认了三类资管业务和产品：定向资管计划、集合资管计划、专项资管计划（后更名为专项资产支持计划），后者即为资产证券化业务。不仅如此，虽然证监会受制于《证券法》分业经营的约束没有确认专项资管计划的载体是信托，但信托作为资产证券化的载体在我国信贷资产证券化中早已得到认可。证监会、保监会等出台的资产证券化业务规章也基本比照信托法理甚至直接适用《信托法》而设计相关规则。另外，国务院办公厅关于《信托法》公布执行后有关问题的通知第二条也规定：“在国务院制定《信托机构管理条例》之前，按人民银行、证监会依据《信托法》制定的有关管理办法执行。人民银行、证监会分别负责对信托投资公司、证券投资基金管理公司等机构从事营业性信托活动的监督管理。未经人民银行、证监会批准，任何法人机构一律不得以各种形式从事营业性信托活动，任何自然人一律不得以任何名义从事各种形式的营业性信托活动。”因此，尽管依据现行监管框架和规则，信托机构通过受托设立信托计划开展相应营业性信托活动受到银保监会的直接管辖，但并未禁止或限制其他法定金融机构在各自的金融监管体系下开展具有信托关系的业务活动。

最高人民法院发布的《九民纪要》第八十八条规定，信托公司根据法律法规以及金融监督管理部门的监管规定，以取得信托报酬为目的接受委托人的委托，以受托人身份处理信托事务的经营行为，属于营业信托。由此产生的信托当事人之间的纠纷，为营业信托纠纷。

---

① 缪因知.资产管理内部法律关系之定性：回顾与前瞻[J].法学家，2018(3)：98－112＋194.

《资管新规》也明确规定，其他金融机构开展的资产管理业务构成信托关系的，当事人之间的纠纷适用《信托法》及其他有关规定处理。尽管由于《资管新规》的定位和监管方向（对于资管业务活动的监管）等原因，将资产证券化产品排除在《资管新规》的适用范围之外，但毕竟对于信托关系的认定和适用突破了限于信托公司开展的营业信托业务。

在最高人民法院民事审判第二庭编著的《〈全国法院民商事审判工作会议纪要〉理解与适用》（以下简称《理解与适用》）中对于此条的说明是“将功能监管和行为监管的经济学语言转化为法律人的语言，就是要求‘相同之事理，为相同之处理’，统一适用法律，切实改变对各类金融活动不能适用上位法依据的现实状况，实现纠纷的依法、公正处理。因此，在营业信托纠纷的界定方面，除了传统的信托公司、基金管理公司等实际经营信托业务的机构开展的营业信托之外，对于其他金融机构开展的资产管理业务，构成信托关系的，也应按照信托法的原则和具体规定，确定当事人之间的权利义务关系。”

因此，我们理解，将资产支持证券理解和认定为《信托法》下的信托关系，不仅有利于厘清资产证券化业务的法律渊源和法律依据，也能解决《资产证券化业务管理规定》本身法律层级较低、无法为资产支持证券中核心的“破产隔离”等核心机制提供充分法律依据的困境（特别是与我国《破产法》等法律法规之间的冲突）。

专题二

作为基础资产的收益权

一、作为基础资产的收益权

基础资产是整个资产证券化的核心与基石。从本质上说，资产证券化就是通过依托基础资产所产生的现金流作为偿付支持，并以基础资产的资产质量作为信用依据（通过结构化等方式进行信用增级）的融资方式与行为。

理论上，所有能产生稳定的、可预期未来现金流的资产均可作为资产证券化的基础资产。当然从法律与监管的角度，仍需要根据基础资产本身的性质、状况以及现金流产生的依据、持续性等方面对基础资产进行限定，特别是在我国目前分业监管的框架下，不同类型资产证券化的范围均有所侧重或区别。

《资产证券化业务管理规定》第三条第一款规定，基础资产是指符合法律法规规定，权属明确，可以产生独立、可预测的现金流且可特定化的财产权利或者财产。基础资产可以是单项财产权利或者财产，也可以是多项财产权利或者财产构成的资产组合。

尽管财产权利或财产并非严格意义上的法律术语，现行法律法规未有关于财产权利或财产的定义或范围描述，特别是财产权利与财产的内涵与外延也存在某些交叉或重叠的区域。我们理解，《资产证券化业务管理规定》更多是从该项权利的经济价值而非法律特性来描述可作为基础资产的范围。

从《资产证券化业务管理规定》第三条第三款有关财产权利与财产的列举说明以及目前市场上已发行资产证券化产品来看，基础资产的类型如表 1 所示。

表 1　　基础资产的类型

类型	底层资产	典型 ABS 产品
债权	应收账款	企业应收款
	租金收入	租赁债权
	信贷收入	信贷债权
	保理收入	保理债权
信托受益权	各类债权、收益权等	信托受益权
收益权	公路、桥梁等不动产收费权	收费收益权
	供水、供电等公共设施收费权	收费收益权
	PPP 项目收费权	PPP 项目收费收益权
	各类债权	各类债权收益权

如表 1 所示，债权和收益权是企业资产证券化的两大基础类型，而信托受益权因为《信托法》的规定，作为一类特定的基础资产，多出现在双 SPV 结构的资产证券化产品中，其所依据的底层资产仍为不同性质或类别的债权或收益权。

收益权概念的出现、应用以及最终在司法层面得到认可和确认，可看作金融实践与创新推动法律理论与实践的典型。收益权在我国法律体系中并无明确定位，法律性质亦无明确界定，尤其是全国人大及其常委会制定的法律中并没有收益权的表述。在司法层面，仅有的是《最高人民法院关于适用〈中华人民共和国担保法〉若干问题的解释》第九十七条："以公路桥梁、公路隧道或者公路渡口等不动产收益权出质的，按照《担保法》第七十五条第四项的规定处理。"《最高人民法院关于适用〈中华人民共和国民法典〉有关担保制度的解释》(法释〔2020〕28 号)第六十一条第四款规定:“以基础设施和公用事业项目收益权、提供服务或者劳务产生的债权以及其他将有的应收账款出质,当事人为应收账款设立特定账户,发生法定或者约定的质权实现事由时,质权人请求就该特定账户内的款项优先受偿的,人民法院应予支持;特定账户内的款项不足以清偿债务或者未设立特定账户,质权人请求折价或者拍卖、变卖项目收益权等将有的应收账款,并以所得的价款优先受偿的,人民法院依法予以支持。”

但此处的“收益权”与作为资产证券化基础资产的收益权仍有差异。上述司法解释提及的不动产收益权更多是作为一种特许性质的经营权,本质仍可归于债权性质。如《应收账款质押登记办法》第二条规定,应收账款包括下列权利:

(1)销售、出租产生的债权,包括销售货物,供应水、电、气、暖,知识产权的许可使用,出租动产或不动产等;

(2)提供医疗、教育、旅游等服务或劳务产生的债权;

(3)能源、交通运输、水利、环境保护、市政工程等基础设施和公用事业项目收益权;

(4)提供贷款或其他信用活动产生的债权;

(5)其他以合同为基础的具有金钱给付内容的债权。

二、收益权的起源与法律依据

在实践层面,收益权最先是作为一种被认可的金融产品出现的。如 2013 年银监会《关于规范商业银行理财业务投资运作有关问题的通知》(银监发〔2013〕8 号)[①],2016 年 4 月中国银监会《关于规范银行业金融机构信贷资产收益权转让业务的通知》(银监办发〔2016〕82 号)等,都对金融机构收益权交易做出了规定。

尽管现行法律法规并没有关于收益权的明确规定,但是实践中大量以各

① 见《关于规范商业银行理财业务投资运作有关问题的通知》(银监发〔2013〕8 号,已失效)第一条。

类收益权作为金融产品的争议纠纷的出现，由此推动了司法层面对于收益权性质及效力的分析与认可。

例如，江西省高院在《南昌农村商业银行股份有限公司与内蒙古银行股份有限公司合同纠纷案》[（2015）赣民二初字第31号]一案中首先确认收益权的债权属性。江西省高院在判决中确认："从内容上看，本案的资管计划收益权应属于特定资产收益权的一种，是指交易主体以基础权利或资产为基础，通过合同约定创设的一项财产性权利。从法律性质上分析，我国《物权法》第五条规定，物权的种类和内容由法律规定，明确采纳了物权法定原则（物权法定原则包括物权客体法定）。因此，作为约定权利的特定资产收益权不宜作为物权的权利客体。特定资产收益权的核心在于收益，通常不具有人身色彩，而具有比较明显的财产权利属性，依法可以作为交易客体。债券本身含有包括收益权在内的多项权能，权利人可以将其中的一项或多项权能转让给他人行使，而收益权作为一种债权属性，在转让行为之性质与资产转让存在根本差异。故特定资产收益权应定性为债权性质，其处置应当参考债权转让的相关原理，不宜直接按照物权方式进行处置。"

最高人民法院认可并吸收了江西省高院有关"特定资产收益权"的裁判思路，在上述案件的二审判决（〔2016〕最高法民终215号）中对收益权做了更进一步的区分与辨析。最高人民法院首先对收益权进行了区分，其一是有特别法律认可的收益权，此类收益权包括以公路桥梁、公路隧道或者公路渡口等不动产收益权。在司法层面，通过《最高人民法院关于适用〈中华人民共和国担保法〉若干问题的解释》等规定或政策文件①将此类收益权作为准物权予以认可。该规定将部分不动产收益权纳入《担保法》"权利质押"范围。但是收益权的法律性质在无明确界定的情况下，应当根据我国法律的相关规定及其权利属性进行分析。对于物权、权能与权利相分离极为常见，所有权人

---

① 见《最高人民法院关于适用〈中华人民共和国担保法〉若干问题的解释》第九十七条，除此之外，《民用航空法》（1995年）中的承租人对民用航空器的"收益权"，《国务院关于实施西部大开发若干政策措施的通知》（2000年）中的"基础设施项目收费权或收益权"，以及《农村电网建设与改造工程电费收益权质押贷款管理办法》（2000年）所规定的"电费收益权"，都是一定的规定或政策依据，可参照上述司法解释精神纳入《担保法》"权利质押"的范围。

可以将所有权中的部分权能与所有权本身相分离而单独转让给其他人，在其物上设立用益物权或者担保物权，以达到物尽其用的目的。而债权虽为相对权，但其内部亦存在多项权能可以明确分辨，这就为其权能与权利的分离提供了基础。除了物权法定原则外，我国法律对其他财产性权利并未禁止。

具体到此案，各方当事人的交易标的所谓"私募债券收益权""资管计划收益权"是交易主体以基础财产权利基础，通过合同关系创设的一种新的债权债务关系，其本质在于"收益"，即获取基于基础财产权利而产生的经济利益的可能性，包括本金、利息等资金利益。从其法律性质看，显然不属于法定的物权种类，而应为可分的债权权能之一。收益权虽然依附于基础资产，甚至收益权与基础资产在内涵与价值上高度重叠，但在各方商事主体选择以收益权作为交易标的的情形下，意味着各方并无转让和受让基础财产的意思表示。此种情况下，应当尊重各方在协议中达成的合意，认定各方交易标的为收益权，而非基础财产。

综上所述，我们理解，作为资产证券基础资产的收益权，其是在底层资产（各类债权）之上，基于底层资产所具有的收益权能，通过合同关系创设的一种新的债权债务关系，因此在资产证券化结构中，原始权益人将收益权作为基础资产转让给特殊目的载体，本质上应该是原始权益人基于其所拥有的底层资产（各类债权），在原始权益人与特殊目的载体之间重新创设的债权债务关系，这与作为基础资产的债权转让是存在明显的区别。

三、收益权作为基础资产的资产证券化监管趋势

2019 年 4 月 19 日，证监会制定并发布了《资产证券化监管问答（三）》（以下简称《监管问答三》）。《监管问答三》明确，基础设施收费等未来经营收入类资产证券化产品，其现金流应当来源于特定原始权益人基于政府和社会资本合作（PPP）项目、国家政策鼓励的行业及领域的基础设施运营维护，或者来自从事具备特许经营或排他性质的燃气、供电、供水、供热、污水及垃圾处理等市政设施，公路、铁路、机场等交通设施，教育、健康养老等公共服务所形成的债权或者其他权利。对于电影票款、不具有垄断性和排他性的入园凭证

等未来经营性收入，不得作为资产证券化产品的基础资产现金流来源。物业服务费、缺乏实质抵押品的商业物业租金（不含住房租赁）参照执行。

对于资产证券化业务而言，虽然并未完全限制收益权作为资产证券化的底层资产或现金流来源，但是对于不具有垄断性和排他性的未来经营性收入，因该等特性导致现金流的极度不稳定性及不确定性，因此目前阶段监管机构对此仍倾向于否定的意见和态度。

专题三

差额支付的法律性质

差额支付因其结构的灵活性被大量应用于资管类业务。但差额支付丰富的法律内涵也导致了司法层面对差额支付的定性缺乏统一的尺度。在《九民纪要》出台前，实践中对差额支付的法律属性一般有保证、债务加入和独立债务三种观点。

一、差额支付的法律性质

由于《九民纪要》及《最高人民法院关于适用〈中华人民共和国民法典〉有关担保制度的解释》等均要求增信受益人合理审查增信方的内部授权程序以确立保证或债务加入的效力，因此对差额支付的定性尤为关键。作为一种新兴的增信方式，司法层面对于差额支付法律性质的认识也是动态的。在《九民纪要》发布前，法院遇到因差额支付产生的纠纷，很少会对其进行具体定性，而是直接要求承诺人按承诺内容承担相应义务，裁判所引用的规则一般也是《合同法》第八条、第六十条、第一百零七条等相对比较原则性的条款①。

① 《徐秀珠保证合同纠纷一审案》[(2015)浦民一(民)初字第30542号]。

关于“营业信托纠纷案件的审理”部分，《九民纪要》对如何认定差额支付等增信文件的性质进行了明确：“信托合同之外的当事人提供第三方差额补足、代为履行到期回购义务、流动性支持等类似承诺文件作为增信措施，其内容符合法律关于保证的规定的，人民法院应当认定当事人之间成立保证合同关系。其内容不符合法律关于保证的规定的，依据承诺文件的具体内容确定相应的权利义务关系，并根据案件事实情况确定相应的民事责任”。

最高人民法院民事审判第二庭编著的《理解与适用》[①]明确指出，“为了给审判实践提供较为明确的指引，该纪要从尊重当事人约定即意思表示的内容出发，区分了两种情况：如果当事人的意思表示内容符合法律关于保证的特征的，人民法院应当认定当事人之间成立保证合同关系；其内容不符合法律关于保证的特征的，依据承诺文件的具体内容确定相应的权利义务关系，即债务加入。在认定当事人的意思表示是否构成保证或债务加入时，应当注意以下价格方面的问题：首先，必须坚持文义优先的原则……其次，判断第三人愿意承担的债务内容与原债务是否具有同一性……最后，判断当事人关于义务履行顺位的真实意思。”

《九民纪要》主张对差额支付等增信措施的法律关系进行实质认定，并将差额支付区分为“保证”与“根据约定义务承担责任”两种模式，而后者对差额支付的定性相对灵活。对于增信措施的效力认定，《九民纪要》一方面给出了明确的界定标准，另一方面也支持了当事人通过非标准保证形式提供增信的意思自治。

《最高人民法院关于适用〈中华人民共和国民法典〉有关担保制度的解释》第三十六条再一次扩展了对差额支付的认定范围。该解释第三十六条规定：“第三人向债权人提供差额补足、流动性支持等类似承诺文件作为增信措施，具有提供担保的意思表示，债权人请求第三人承担保证责任的，人民法院应当依照保证的有关规定处理。第三人向债权人提供的承诺文件，具有加入

① 最高人民法院民事审判第二庭编著. 全国法院民商事审判工作会议纪要理解与适用[M]. 北京：人民法院出版社，2019：479－480.

债务或者与债务人共同承担债务等意思表示的，人民法院应当认定为《民法典》第五百五十二条规定的债务加入。前两款中第三人提供的承诺文件难以确定是保证还是债务加入的，人民法院应当将其认定为保证。第三人向债权人提供的承诺文件不符合前三款规定的情形，债权人请求第三人承担保证责任或者连带责任的，人民法院不予支持，但是不影响其依据承诺文件请求第三人履行约定的义务或者承担相应的民事责任。”该条款将差额支付进一步细化为“保证”“债务加入”与“根据约定义务承担责任”三种模式，以顺应《民法典》中新增的“债务加入”这一概念。

二、保证、债务加入与独立债务

（一）差额支付与保证

保证是指保证人和债权人约定，当债务人不履行到期债务或者发生当事人约定的情形时，保证人履行债务或者承担责任的法律关系。差额支付与保证的功能较为相似，但在资产证券化业务中，保证与差额支付依然有一定的区别。

1. 法律渊源不同

保证是一种法定担保模式，受《民法典》调整，具有完整的框架和逻辑结构。而差额支付作为一种特殊的增信措施，其模式、法律后果等要素均需要当事人设计。从这个角度而言，差额支付胜在灵活性强，但稳定性和自洽性相对弱于保证。

2. 合同效力不同

保证合同属于从合同，主合同的效力将直接影响保证合同的效力。而差额支付通常独立于其他合同，只要满足条件即产生责任，较少受到其他合同的影响。

3. 主体范围不同

在保证担保中，保证人只能对第三人的债务承担保证责任，但资产证券化交易中，原始权益人可能需要对自己的“债务”承担差额支付责任。究其原因，是因为资产证券化的基础资产包括收益权，在收益权转让模式的资产证券化中，表面上应向专项计划付款的是原始权益人，但实际上原始权益人的付款责任仅限于基础资产产生的收益范围，其他自有资产与专项计划无关。此时，如增信的受益主体是专项计划，则在保证框架下原始权益人无法既是债务人又是保证人，而差额支付却可以解决该问题。

4. 触发条件不同

保证责任产生的条件是债务人不履行债务，而一般保证更是要求主合同纠纷需经审判或者仲裁，且债务人财产经依法强制执行仍不能履行，否则保证人可拒绝承担。而资产证券化交易结构中差额支付责任的触发通常需要提前于债务的到期，以确保交易的稳定性。

5. 增信期间不同

保证责任中的保证期间属于除斥期间，不可中断，且设立、存续受到《民法典》的限制。而差额支付如不属于保证或债务加入的，其增信期间应适用诉讼时效的相关规则。

6. 责任承担后的追偿不同

根据《民法典》的规定，保证人承担保证责任后，有权向真正的债务人追偿。但差额支付承诺人承担责任后，并无明确的追偿或获得补偿的机制。

(二)差额支付与债务加入

《民法典》实施前，债务加入(或并存的债务承担)法律体系中的概念，但在学理上与司法实践中被认可。江苏省高院《关于适用〈中华人民共和国合同法〉若干问题的讨论纪要(一)》(苏高发审委〔2005〕16号)第十七条规定："债务加入是指第三人与债权人、债务人达成三方协议或第三人与债权人达成双方协议或第三人向债权人单方承诺由第三人履行债务人的债务，但同时不免除债务人履行义务的债务承担方式。"《九民纪要》第二十二条规定："法定代表人以公司名义与债务人约定加入债务并通知债权人或者向债权人表示愿意加入债务，该约定的效力问题，参照本纪要关于公司为他人提供担保的有关规则处理。"

《民法典》实施后，债务加入正式成为法律概念，《民法典》合同编第五百五十二条规定："第三人与债务人约定加入债务并通知债权人，或者第三人向债权人表示愿意加入债务，债权人未在合理期限内明确拒绝的，债权人可以请求第三人在其愿意承担的债务范围内和债务人承担连带债务。”

从客观上看，债务加入与连带保证责任很难区分，所以也有学者认为债务承担行为是一种隐蔽的担保行为。[①] 最高院曾表明具有明显的保证含义应认定为保证，否则应认定为并存的债务承担。[②] 最高院的该种区分方式依然过于原则，难以直接引用并进行判断，但可以明确的是，保证含义明显的条款很难被认定为债务加入。

（三）差额支付与独立债务

为了适应证券化产品的特点以及满足监管机构及评级机构的要求，证券化产品中的差额支付一般设计为对资金归集的差额支付。从条款设计上，该种差额支付核心条款通常表述类似如下：

“在发生本承诺函约定的差额支付启动事件后，计划管理人（或发行载体）有权要求本公司履行支付义务并于差额支付启动日向本公司发出差额支付指令，本公司将于差额支付资金支付日××：××前将相应资金无条件足额付至专项计划托管账户，直至专项计划托管账户内资金余额扣除应支付的专项计划费用和税金（如适用）后足以支付该次分配所对应的优先级资产支持证券预期支付额，并在资金汇付附言中说明所划款项的性质。”

因该种差额支付责任产生的依据是分配日账户中的资金未达到一定数额这一客观事实，且条件一旦达成，承诺人将不可撤销地承担责任，因此在资产证券化业务中，差额支付更应视作一项独立的债务。

（四）三种法律性质的比较及认定

保证、债务加入及独立债务中，保证的优势在于法律结构稳定，不宜打破；缺点是不够灵活，不一定能完全满足交易的需求。债务加入与保证较为类似，但该种结构能否被司法认可尚处于讨论中。独立债务的优势是可根据

---

① 史尚宽.债法总论(M).北京：中国政法大学出版社，2000：877.

② 《信达公司石家庄办事处与中阿公司等借款担保合同纠纷二审案》[(2005)民二终字第 200 号]，最高院认为，保证与并存的债务承担在案件的实质处理上并无不同。只是在性质上有所不同：保证系从合同，保证人是从债务人，是为他人债务负责；并存的债务承担系独立的合同，承担人是主债务人之一，是为自己的债务负责，也是单一债务人增加为二人以上的共同债务人。判断一个行为究竟是保证，还是并存的债务承担，应根据具体情况确定。如承担人承担债务的意思表示中有较为明显的保证含义，可以认定为保证；如果没有，则应当从保护债权人利益的立法目的出发，认定为并存的债务承担。

交易需求灵活设定，但由于没有完整的法律框架，故要求当事人在结构设计时必须全面考虑各类问题，否则可能影响增信的稳定性。当事人在安排增信措施时，可根据自身的需求设计增信结构，如希望架构一个结构稳定的增信措施，则保证担保的优势相对较强，当事人应明确表达出保证的意思表示，以确保获得裁判机构的支持。反之，如保证无法满足交易结构的，则应注重差额支付承诺的独立性，避免被认定为保证而导致部分差异化条款被认定无效。

同时，对于债务加入与保证的比较与区分，因《民法典》的出台有了更多的司法实践意义：

(1)是否具有从属性是债务加入和保证的本质区别。保证合同系从合同，保证债务是债务人不履行到期债务保证人承担保证责任的从属性债务，是为他人债务负责；债务加入系独立的合同，第三人是连带债务人之一，是为自己的债务负责，没有主从之分。另外，《民法典》改变了此前《担保法》中有关"对保证方式没有约定或约定不明的情形"时认定为"连带责任保证"的规定，《民法典》第六百八十六条规定，保证的方式包括一般保证和连带责任保证。当事人在保证合同中对保证方式没有约定或者约定不明确的，按照一般保证承担保证责任。而如前所述，《民法典》合同编第五百五十二条明确规定，对于债务加入，"第三人在其愿意承担的债务范围内和债务人承担连带债务"。

(2)保证具有保证期间和诉讼时效的限制，而债务加入后产生的连带债务仅具有诉讼时效的限制，第三人不可以通过保证期间免责。《民法典》第六百九十二条将保证期间在约定不明时，由原《担保法司法解释》中规定的主债务期限届满之日起两年调减至六个月，保证期间届满，保证人可以不再承担保证责任。而通常向人民法院请求保护民事权利的诉讼时效期间为三年，此处明显看出对于保证人的保护力度更大。

(3)保证人承担保证责任后，法律明确规定除当事人另有约定外，可以向债务人全额追偿(《民法典》第七百条)；而债务加入第三人作为连带债务人履行债务后，由于其债的独立性，是否对债务人有追偿权，取决于其与债务人之间的约定。如约定不明，则适用连带债务的一般规则，即《民法典》第五百一十九条规定的“连带债务人之间的份额难以确定的，视为份额相同。实际承担债务超过自己份额的连带债务人，有权就超出部分在其他连带债务人未履行的份额范围内向其追偿”。

三、债权人接受债务加入时的实务要点

对于资产证券化业务中的差额支付，应回溯至交易背景本身，通过交易项目的自身需要，进行文本设计与条款设定，以确定差额支付的法律性质以及所需适用的法律规则。

1. 需要第三人做出明确的债务加入的意思表示

为避免债务加入被错误认定为保证或免责的债务承担，债权人在接受债务加入这类增信措施时，需要特别注意相关文本合同应明确、清晰体现第三人债务加入的意思表示，表明第三人愿意作为债务人之一承担债务，同时原债务人并不退出相关债权债务关系，不出现以债务人届期不履行为前提之类的表述，其用词需规范严谨，如现已做出的债务加入协议语焉不明，建议对此进行补强。

2. 债务加入应取得公司决议机关的决议

实务中，不同法院对债务加入是否应取得公司决议机关的决议认定有所区别。《民法典》对此虽未进行规定，但根据《九民纪要》第二十三条“债务加入准用担保规则”规定，“法定代表人以公司名义与债务人约定加入债务并通知债权人或者向债权人表示愿意加入债务，该约定的效力问题，参照本纪要关于公司为他人提供担保的有关规则处理”。《公司法》第十六条规定了公司对外担保需要履行的内部决议程序，由于债务加入相较对外担保，对第三人的利益影响更大，根据举轻以明重的原则，公司对外加入债务的，应当参照公司对外担保的相关规定，履行内部决议程序。实务中，债权人在接受第三方债务加入时，应当审查并取得对方提供相关的股东会或者股东大会决议或董事会决议，以避免引发争议。

3. 对于加入的债务范围进行最大化明确约定

《民法典》尊重意思自治，当事人之间的约定尤为重要。在制定相关协议

文本时，债权人可利用主动地位，尽量将第三人加入的债务范围最大化。由于债务加入原则仅及于主债权，而保证的范围法定即包括主债权及其利息、违约金、损害赔偿金和实现债权的费用，为保护债权人权益，建议在订立契约时即对债务加入的范围最大化的明确约定。

专题四

破产隔离的法律效果

破产隔离是构建资产证券化产品的核心关注点。然而,在资产证券化实践过程中,特别是在企业资产证券化中,由于基础资产的类别与性质的不同,真实出售与破产隔离在某种情况下可能是分离的。

如我们在第五章第一节"基础资产"词条释义中所述,现行企业资产证券化的基础资产主要分为两大类别:债权与收益权。对于债权类基础资产而言,若要确保债权转让本身符合真实出售或破产隔离的标准,则需要考察该等转让行为是否符合我国《民法典》合同编、《破产法》等法律法规的规定,是否会因为违反《民法典》合同编、《破产法》等导致基础资产的转让被认定无效或可撤销。

《民法典》第五百三十八条规定,债务人以放弃其债权、放弃债权担保、无偿转让财产等方式无偿处分财产权益,或者恶意延长其到期债权的履行期限,影响债权人的债权实现的,债权人可以请求人民法院撤销债务人的行为。《民法典》第五百三十九条规定,债务人以明显不合理的低价转让财产、以明显不合理的高价受让他人财产或者为他人的债务提供担保,影响债权人的债权实现,债务人的相对人知道或者应当知道该情形的,债权人可以请求人民法院撤销债务人的行为。

《破产法》第三十一条规定，人民法院受理破产申请前一年内，涉及债务人财产的下列行为，管理人有权请求人民法院予以撤销：

(1)无偿转让财产的；

(2)以明显不合理的价格进行交易的；

(3)对没有财产担保的债务提供财产担保的；

(4)对未到期的债务提前清偿的；

(5)放弃债权的。

对于债券类基础资产的转让，一般需要：(1)相关交易文件中有关基础资产转移的真实、明确的意思表示；(2)交易文件所约定的基础资产转移的条件已经满足，包括但不限于转让对价的支付。同时，由于无偿或低价转让财产可能损害发起机构债权人的利益，并可能导致该转让行为根据《民法典》第五百三十八条、五百三十九条及《破产法》第三十一条被撤销。

对于收益权类基础资产而言，如我们在第五章第一节“基础资产”词条释义中所述，收益权类基础资产更多体现的是原始权益人与特殊目的载体之间创设一项债权，该项债权并不及于原始权益人与特殊目的载体之外的第三人，同时该等收益事实上仍有赖于原始权益人拥有的底层资产从第三人处取得现金流或收益，因此事实上在以收益权为基础资产的资产证券化中，基础资产的转让并不能完全实现破产隔离的效果。

《资产证券化业务知识问答(二)》对此有所回应和明确，其在回答企业资产证券化是否可以与原始权益人的破产风险进行有效隔离的问题时，针对债券类、权益类资产证券化的不同法律属性进行区别认定，“债权类、权益类资产的证券化在法律上可以实现破产隔离，具体可从以下两个方面进行理解：

(1)基础资产的真实出售是企业资产证券化与原始权益人破产风险隔离的前提，不同基础资产类型均可以实现法律上的真实出售。其中债权类和权益类资产可以通过依法合规的资产买卖行为实现真实出售。收益权类资产虽然并未在原始权益人的资产负债表内体现，但有相关规则或文件授权基础，真实存在，可以通过法律界定和交易安排实现收益权类资产的真实出售。

(2)企业资产证券化产品是否最终受到原始权益人破产的影响因基础资产类型及具体产品的设计不同而存在差异。其中主要的影响因素在于原始权益人真实出售资产后是否仍需履行资产运营及服务责任以及是否提供主体信用增级安排两个方面。比如在以债权类或权益类资产为基础形成的资产证券化产品中,如不存在原始权益人或其关联方的信用增级安排且无须其提供后续资产的运营与服务,则原始权益人的破产风险不会传导至该资产证券化产品,即可实现破产风险隔离。反之,如收益权类资产证券化产品,在实现真实出售的情况下,仍然需要原始权益人稳定的运营以产生持续现金流,原始权益人破产将直接影响资产支持证券的资产收益,可能存在无法完全实现破产隔离的风险。”

在合肥市中院关于深圳平安大华汇通财富管理有限公司的执行异议一案[(2018)皖 01 执异 43 号]中,在该院执行申请保全人合肥科技农村商业银行股份有限公司大兴支行(以下简称“合肥科技农行大兴支行”)与被保全人凯迪生态环境科技股份有限公司(以下简称“凯迪公司”)和南陵县凯迪绿色能源开发有限公司(以下简称“南陵凯迪公司”)诉讼财产保全一案中,案外人深圳平安大华汇通财富管理有限公司(以下简称“平安大华”)对该院冻结南陵凯迪公司在国网安徽省电力有限公司 3 000 万元应收账款的行为提出书面异议。平安大华异议称:合肥中院要求国网安徽省电力有限公司停止支付给南陵凯迪公司的电费及补贴 3 000 万元属其所有。因 2015 年 6 月 12 日,其依照证监会《资产证券化业务管理规定》的规定,设立“平安凯迪电力上网收费权资产支持专项计划”,共募集资金 11 亿元,并全部用于购买包括南陵凯迪公司在内的三家公司自该专项计划设立之日上月起至 2020 年 6 月 12 曰止上网电费收费权。请求撤销(2018)皖 01 执保字第 21 号“协助执行通知书”,解除对南陵凯迪公司在国网安徽省电力有限公司应收账款 3 000 万元的冻结。

合肥中院经审理后支持平安大华的意见,认可了《基础资产买卖协议》项下资产买卖的效力,认可了基础资产归属于平安凯迪电力上网收费权资产支持专项计划所有,裁定中止对南陵凯迪公司在国网安徽省电力有限公司应支付的电费及补贴 3 000 万元的执行。

在武汉市中院关于山西证券股份有限公司的执行异议一案[(2019)鄂 01 执异 786 号]中,在该院执行国通信托有限责任公司(以下简称“国通信托公司”)与融信租赁股份有限公司(以下简称“融信租赁公司”)借款合同纠纷诉讼保全一案中,案外人山西证券股份有限公司(以下简称“山西证券公司”)对本院的执行标的[即融信租赁公司在中国光大银行股份有限公司福州分行华林支行开立的账号为“79×××72”的银行账户(以下简称“涉案账户”)]提出异议。山西证券公司提出异议称:涉案账户虽为融信租赁公司开立,但该账户实为支持专项计划的资金归集以及监管账户,账户内的资金已在冻结前,作为整体资产转让给山西证券公司,山西证券公司系涉案账户内资金的实际所有权人和占有人。

武汉市中院经审理后支持山西证券公司的意见,认为《最高人民法院关于人民法院办理执行异议和复议案件若干问题的规定》(以下简称《执行异议和执行复议规定》)第二十五条第一款第(三)项虽然做出“对案外人的异议,人民法院应当按照下列标准判断其是否系权利人:银行存款和存管在金融机构的有价证券,按照金融机构和登记结算机构登记的账户名称判断”的规定,涉案账户由融信租赁公司开立,但不能据此简单判断涉案账户内的资金属于融信租赁公司所有。并基于以下理由最终裁定中止对融信租赁公司在光大银行开立的、账号为“79×××72”银行账户资金的执行:

(1)山西证券公司提出异议所主张的是涉案账户内的资金,并非涉案账户,该资金是种类物,具有流通性,在特定条件下,则不能简单适用“登记主义”来判断案外人对涉案账户资金是否享有排除执行的权利。

(2)涉案账户内的资金系基于融信租赁公司与山西证券公司签订的《买卖协议》和山西证券公司、光大银行、融信租赁公司签订的《监管协议》,在开立了涉案账户(监管账户)后,融信租赁公司作为该项目的资产服务机构,将其归集的基础资产产生的回收款按照协议约定汇入涉案账户,在此情形下,该资金已被特定化。

(3)就该项目的转让以及转让资产的内容,已向中国人民银行征信系统进行了登记,具有对外公示的效力。据此判断,山西证券公司是涉案账户资金的权利人。此外,国通信托公司和融信租赁公司对山西证券公司提交的证据的合法性和真实性均不持异议,因此,山西证券公司主张其对涉案账户内资金享有的所有权具备合法性和真实性的形式要件,能够排除执行。

尽管上述案例均在不同程度上认可或确认了资产证券化结构中归属于资产证券化财产的独立性，与原始权益人的财产进行了区隔，但该等案例仅是个案上的调整，不具有代表性。对于第一个案例，在同样的交易结构及同样的原始权益人的背景下，类似的问题却收到了截然不同的司法裁判结果。在与前案案情基本相同的情况下，尤其在同样已通知债务人国网湖北省电力有限公司的情况下，湖北省来凤县人民法院在一起执行异议案[(2018)鄂2827执异35号]中却以“案外人恒泰证券股份有限公司与被执行人来凤县凯迪绿色能源开发有限公司签订的《平银凯迪电力上网收费权资产支持专项计划(二期)基础资产买卖协议》，只对其双方当事人具有约束力，不能对抗善意第三人”为由驳回了案外人恒泰证券股份有限公司的执行异议。

在第二个案例中，执行法院事实上是从银行账户资金的特定化的审查角度去认定财产归属，回避了有关该等银行账户是否应当依据资产证券化的相关业务规则或规定来认定归属于资产证券化产品。同样是在案[(2018)鄂2827执异35号]中湖北省来凤县人民法院认为，“本案中，平安银行账号为11×××02的账户户名为来凤县凯迪绿色能源开发有限公司，该账户的权利人是来凤县凯迪绿色能源开发有限公司而非案外人恒泰证券股份有限公司，故本院冻结上述账户内的存款符合法律规定，案外人恒泰证券股份有限公司的异议不能成立”。

之所以在个案中出现裁判尺度与规则的差异，主要是因为：

(1)与资产证券化相关的规范文件法律层级偏低。《资产证券从业管理规定》属于证监会颁布的部门规章，一旦与现行法律法规，(如《破产法》)相冲突，其法律效力层级使得其所规范破产隔离的效果自然受到限制和约束。

(2)资产证券化中的部分基础资产，特别是收益权类资产，其无法脱离原始权益人而独立存在或独立归集，导致其现金流或其表现得财产外观仍与原始权益人相关联，或仍以原始权益人名义负责归集运作，导致财产之间的混同或无法区分。

(3)资产证券化文件约定与实践操作的不一致，导致资产证券化项下的财产无法形成清晰、稳定且独立的现金流，而与原始权益人的自有财产相混同，导致资产证券化下的财产无法标识特定化，导致在发生争议时无法进行操作上的隔离。

因此，对于资产证券化业务中破产隔离的落实与保障，不仅需要从法律层级上解决与《破产法》等规定的法益冲突，还需要在资产证券化交易文件的设计以及实际操作中，落实破产隔离的机制设定，确保资产证券化下的财产的特定化，以便对其进行标识，从而维护其财产的独立及隔离的法律效果。

专题五

资产证券化中的诉讼主体

企业资产证券化究竟适用何种法律关系规制尚无明确定论。最高人民法院民事审判第二庭编著的《理解与适用》虽然认为构成信托关系的资产管理业务应按照《信托法》的原则和具体规定确定当事人之间的权利和义务关系，但如何界定何为“构成信托关系”依然是司法裁判机构不得不面对的课题，在分业监管的大背景下，信托关系的认定依然是一个不小的挑战。

企业资产证券化法律关系的不明确使得司法途径维权在法律的适用上会出现一定的不确定性，其中第一步需要解决的就是出现与专项计划有关的纠纷时，诉讼或仲裁的维权主体（为便于行文，诉讼或仲裁维权主体统称“诉讼主体”）应如何确定和选择。

需要说明的是，在计划管理人失职导致的证券持有人利益受损纠纷中，持有人直接按“计划说明书”或交易文件向计划管理人提起诉讼或仲裁并不存在过多争议，因此本专题的关注点将侧重于针对基础资产本身及其增信的司法维权过程中所涉及的诉讼主体问题。

一、委托法律关系视角下的诉讼主体确定

证券持有人与计划管理人之间构成委托代理法律关系的，受《合同法》等

关于委托法律关系的相关规定调整。在该种法律关系下,专项计划的财产属于所有委托人的证券持有人的共有财产,专项计划的财产独立性概念被弱化,专项计划利益受损直接侵害了证券持有人的财产权,证券持有人可以自己的名义直接向责任方追索但在委托代理法律关系下计划管理人可以作为受托人提起诉讼,似乎有违现行的民事诉讼制度。

参考类似金融产品,在债券发行的法律结构中证券持有人与受托管理人符合委托代理关系中委托人与受托人的角色。在 2020 年 3 月 1 日生效的《证券法》修订前,受托管理人的诉讼地位是有争议的。《公司债券发行与交易管理办法》第五十条及《上海证券交易所非公开发行公司债券业务管理暂行办法》第 5.6 条等规定赋予了发行人不能偿还债务时,债券受托管理人接受全部或部分债券持有人的委托,以自己名义代表债券持有人提起民事诉讼、参与重组或者破产的法律程序的权利,但该规定仅为部门规章或交易所的业务规则,法律层级较低,该等做法也并不符合民事诉讼制度。债券受托管理人并非债券的持有人,不属于《民事诉讼法》第五十四条、第五十五条中规定的诉讼代表,而诉权能否通过约定进行授予,司法实践中也出现过相反的观点。在[(2017)浙 0106 民初 2107 号]案中,法院认定债券受托管理人依据债券持有人会议决议不违反法律强制性规定,债券受托管理人是适格的原告。但在[(2019)沪民初 27 号]案中,法院则认为"法院应根据《民事诉讼法》的规定,审查案件是否符合受理条件。平等主体之间得通过民事合同设定民事权利和义务,但诉讼过程中,法院与当事人不是平等主体,法律规定的案件受理条件也不是民事权利和义务。如果法院准许受托管理人依据其与投资者的一份合同为依据径直起诉,则任何人皆可通过类似的合同安排使得非法律关系主体成为诉讼的原被告,这显然与现有民事诉讼制度相冲突。"①

① 该份裁判文书已被(2019)最高法民终 1502 号民事裁定撤销,但撤销的理由:"太合汇昆山公司已按照各方当事人协议约定及证券管理部门相关规范履行了债券受托管理人的职能,其接受全部或部分债券持有人委托,以自己的名义代表债券持有人提起民事诉讼,符合现行债券发行和交易市场的规则体系以及《公司债券发行与交易管理办法》的相关规定,亦符合《证券法》的立法趋势;太合汇昆山公司作为该案诉讼主体适格。"并未否认原裁定的说理部分。(2019)沪民初 27 号之一民事裁定与(2019)最高法民终 1502 号民事裁定均已无法查询。文中所引述之法院观点来源:《案例简析:债券受托人不能是适格的原告吗?》,https://www.sohu.com/a/328870913_690952/。最后访问日期:2020 年 10 月 7 日,(2019)最高法民终 1502 号民事裁定相关论述来源(2020)浙 0603 民初 479 号民事裁定。

2020年3月1日，新修订《证券法》生效后，债券受托人的诉讼主体地位得到了上位法的确认，然而，结构更为复杂的资产证券化却未能获此待遇，专项计划管理人的诉讼主体资格仍将接受司法机关的检视。

二、信托法律关系视角下的诉讼主体确定

专项计划如被认定适用信托法律关系，可参照信托模式确立各方权利和义务。《信托法》赋予了信托财产独立及隔离的特性，却未赋予信托或信托财产法律主体地位，即造成了信托财产独立性与现有物权变动规则的冲突①，也导致专项计划的利益受损，仍需由具备法律主体地位的其他方实施维权工作。

在信托法律关系下，计划管理人作为受托人自然可以自身名义代表专项计划开展诉讼活动，裁判结果由专项计划承担。然而，信托结构下的受益人，即证券持有人能否直接提起诉讼，更为投资者所关注。《信托法》第二十二条规定："受托人违反信托目的处分信托财产或者因违背管理职责、处理信托事务不当致使信托财产受到损失的，委托人有权申请人民法院撤销该处分行为，并有权要求受托人恢复信托财产的原状或者予以赔偿。"有观点认为，该规定表明受益人对信托财产的权利偏债权性而非物权性，在信托财产受到侵害时，受益人只能针对受托人主张权益，而不具有对世性。②

事实上，在司法实践中，受益人的权利主张对象并非不可突破。在[(2013)成民终字第3622号]案中，二审法院认为："王登杰与李向东签订的《信托合同》是双方真实意思表示，且不违反法律行政法规规定，应属有效。李向东应当按照合同约定对信托财产进行管理。根据《中华人民共和国信托法》第二十二条'受托人违反信托目的处分信托财产或者因违背管理职责、处理信托事务不当致使信托财产受到损失的，委托人有权申请人民法院撤销该处分行为，并有权要求受托人恢复信托财产的原状或者予以赔偿；该信托财产的受让人明知是违反信托目的而接受该财产的，应当予以返还或者予以赔

① 张钰. 信托财产的法律主体性研究[D]. 华东政法大学，2019.
② 陈雪萍. 信托受益人权利的性质：对人权抑或对物权[J]. 法商研究，2011，28(6)：73－81.

偿'的规定,李向东违反信托目的在未取得委托人授权的情况下处分信托财产,其处分行为已被[(2012)温江民初字第801号]民事判决予以撤销。该行为撤销后,王登杰有权要求李向东及水电七局恢复信托财产原状或予以赔偿。故王登杰的诉讼请求成立,应当予以支持。"该案表明,信托财产受到侵害时,受益人的权利主张对象是可以同时及于受托人及第三人的。证券持有人除了可向受托人追究计划管理人的信义责任外,向第三方进行诉讼维权也具有可行性。

三、行业规范与司法实践

《资管新规》第八条规定,"金融机构应当履行以下管理人职责:(九)以管理人名义,代表投资者利益行使诉讼权利或者实施其他法律行为。"[①]《全国法院审理债券纠纷案件座谈会纪要》第二条第七款规定:"资产管理产品管理人的诉讼地位。通过各类资产管理产品投资债券的,资产管理产品的管理人根据相关规定或者资产管理文件的约定以自己的名义提起诉讼的,人民法院应当依法予以受理。"

上述规定表明,资管业务的管理人代表资管产品提起诉讼已同时为行业与司法所认可。[(2019)粤01执异272号]案中,法院认为:"本案中,国开证券提交的证据反映国开证券作为管理人,设立了首都航空BSP票款债权资产支持专项计划,并已公告成立并备案。国开证券作为该专项计划的管理人,主张被冻结的涉案款项为专项计划资产,为该专项计划资产支持证券持有人之利益提出本案异议,其作为案外人提出本案异议的主体适格,本院予以确认。"计划管理人代表专项计划以自己的名义提起诉讼,在司法层面已不存在障碍。

令人遗憾的是,诉讼制度作为我国《立法法》规定的只能制定法律的事项,行业管理规范及司法指导性文件的确认在效力层级上还是略低。如《信托法》《证券法》甚至《民事诉讼法》中能解决该问题,的确值得期待。

---

① 《资管新规》虽排除了资产证券化业务的适用,但并非否认其资管业务的本质。

专题六

基础资产应收账款的确权问题

一、确权的对象与范围

1. 应收账款的定义

在法律层面，目前尚未有对应收账款的明确法律定义。人民银行于2017年修订施行的《应收账款质押登记办法》(以下简称《登记办法》)第二条规定，应收账款是指权利人因提供一定的货物、服务或设施而获得的要求义务人付款的权利以及依法享有的其他付款请求权，包括现有的和未来的金钱债权，但不包括因票据或其他有价证券而产生的付款请求权，以及法律、行政法规禁止转让的付款请求权。

《登记办法》同时列举了应收账款五种权利的外延：

(1)销售、出租产生的债权，包括销售货物，供应水、电、气、暖，知识产权的许可使用，出租动产或不动产等；

(2)提供医疗、教育、旅游等服务或劳务产生的债权；

(3)能源、交通运输、水利、环境保护、市政工程等基础设施和公用事业项目收益权；

(4)提供贷款或其他信用活动产生的债权;

(5)其他以合同为基础的具有金钱给付内容的债权。

2. 应收账款与债权

根据《民法典》第一百一十八条规定,债权是因合同、侵权行为、无因管理、不当得利以及法律的其他规定,权利人请求特定义务人为或者不为一定行为的权利。

由上可知,《登记办法》项下涵盖的应收账款并不完全等同于《民法典》中的债权,《登记办法》项下的应收账款并不仅限于与特定相对人之间的以金钱作为给付内容的债权,亦包括涉及不特定主体的包括基础设施和公用事业项目收益权等未来收益。

3. 会计制度下的应收账款

《企业会计制度》(2001 年 1 月 1 日实施)第十七条、第十八条规定,应收及预付款项,是指企业在日常生产经营过程中发生的各项债权。应收及预付款项应当按照实际发生额记账。我们理解,会计意义上的应收账款仅限于现有的实际发生的应收款项,而法律意义上的应收账款还包括未来可能发生的债权及其收益,且会计意义上的应收账款仅限于金钱债权。

《企业会计准则第 14 号——收入》(2018 年 1 月 1 日修订)第四条规定,企业应当在履行了合同中的履约义务,即在客户取得相关商品控制权时确认收入。该准则第十二条规定,对于在某一时段内履行的履约义务,企业应当在该段时间内按照履约进度确认收入,但是,履约进度不能合理确定的除外。企业应当考虑商品的性质,采用产出法或投入法确定恰当的履约进度。该准则第十三条亦规定,对于在某一时点履行的履约义务,企业应当在客户取得相关商品控制权时点确认收入。

《企业会计准则第 14 号——收入》应用指南(2018)规定,企业对其已向客户转让商品而有权收取的对价金额应当确认为合同资产或应收账款。

由上可知,会计制度与会计准则要求记入"应收款项"科目的款项是企业因销售商品、提供劳务等经营活动所形成的债权,根据履约性质的不同可进一步区分为按时点进行确认债权或按完工阶段确认债权。

4. 资产证券化业务中的应收账款

就资产证券化业务而言，根据上交所、深交所于 2017 年 12 月 15 日分别发布的《企业应收账款资产支持证券挂牌条件确认指南》《企业应收账款资产支持证券信息披露指南》(以下简称“应收账款两指南”)，应收账款两指南所称应收账款外延较窄，仅指企业因履行合同项下销售商品、提供劳务等经营活动的义务后获得的付款请求权，且不包括因持有票据或其他有价证券而产生的付款请求权，即应收账款两指南适用于以企业应收账款债权直接作为基础资产发行的资产支持证券。

针对类似收益权基础资产，上交所、深交所先后发布的《基础设施类资产支持证券挂牌条件确认指南》确认和认可“以燃气、供电、供水、供热、污水及垃圾处理等市政设施，公路、铁路、机场等交通设施，教育、健康养老等公共服务产生的收入为基础资产现金流来源所发行的资产支持证券”，并将此等资产支持证券确定为未来经营收入类资产证券。

5. 关于项目收益权的思考

以时间维度为划分依据，《登记办法》所涵盖的应收账款可分为现有应收账款和未来应收账款。未来应收账款又可区分为两种情形：

一是权利人根据基础合同约定有权向债务人主张金钱债权，但债权人尚未履行或尚未履行完毕全部合同约定义务，因而权利人主张债权的时间或金额的成就条件尚不满足的金钱债权。此时，尽管债权尚未满足成就条件或尚未得到履行，但债权所指向的相对人已经确定。

二是在权利处分时点尚无基础合同关系存在，但基于一定的交易条件或交易习惯，将来可能成立付款请求权的未来应收账款。具体表现为两种形式：

(1)权利人在自身经营范围之内，根据既往生产经营活动情况可预期的未来经营收入，该类经营收益只能凭借经营状况及交易市场判断其产生的可能性，但其未来发生存在着极大的不确定性，如医院收入、学费收入、景区收入等。

(2)特定收费权，即基于某种特许、许可而产生的有权收取费用的权利，如《登记办法》中提及的能源、交通运输、水利、环境保护、市政工程等基础设施和公用事业项目收益权。

2019 年 4 月 19 日，证监会发布《监管问答三》，明确规定："基础设施收费等未来经营收入类资产证券化产品，其现金流应当来源于特定原始权益人基于政府和社会资本合作(PPP)项目、国家政策鼓励的行业及领域的基础设施运营维护，或者来自从事具备特许经营或排他性质的燃气、供电、供水、供热、污水及垃圾处理等市政设施，公路、铁路、机场等交通设施，教育、健康、养老等公共服务所形成的债权或者其他权利。"

另外《监管问答三》亦规定，对于电影票款、不具有垄断性和排他性的入园凭证等未来经营性收入，不得作为资产证券化产品的基础资产现金流来源。

因此，我们理解《监管问答三》的监管思路事实上也是对于此类项目收益权或未来经营收入所指向的债权法律关系基础不确定以及由此带来的现金流不确定性等风险的回应。

二、确权的层次

1. 应收账款的存在确认

关于确权工作，通常是以权利的真实存在、权利的合法有效以及权利的有效履行三个维度进行判断和确认。

(1)基础法律关系的真实存在。

应收账款作为基础资产，确权工作中首先应当确认基础法律关系是否真实存在。其中，针对基于基础合同(买卖合同或服务合同等)产生的应收账款，应核实其基于基础合同而产生的合同法律关系是否真实存在。对于无基础合同的未来应收账款(对于收益权)，应确认其基于相应特许或许可发生的法律事实是否真实，或基于既往生产经营活动情况、历史数据判断未来应收账款的真实性。

需要注意的是，若相对人并没有脱离原债务关系(未进行转让)，而其关联方又加入到原存的债务关系中，则属于债务加入。在此关系下，基于关联方的承诺确认，可以认定由关联方与相对人共同承担债务，一同向权利人承担债务。

(2)基础法律关系的存在合法有效。

在对前述法律事实的真实性进行认定后,应进一步对于法律事实的合法性、有效性进行进一步确认,如:确认该法律事实是否基于当事人真实意思的合意产生;核查基础合同是否可能存在《民法典》规定的合同无效情形(对于有基础合同的应收账款);注意相对方是否属于适格主体,其是否已经取得内部决策机构的批准,如履行合同还需要外部授权的,应核查是否取得相关授权;核查当事人是否具备良好的信用情况、是否有履约能力等。

(3)基础法律关系的履行。

在对前述法律事实的真实性、合法有效性进行确认后,需要进一步确认该等基础法律关系的实际履行情况,如:核实基础合同是否得到充分有效的履行;应收账款的产生是否满足基础合同约定的条件和标准;基础合同履行是否存在瑕疵,应收账款是否存在被减损的情况;双方之间是否存在其他债权债务关系,应收账款是否存在被抵销的情况。

2.限制应收账款因素的排除确认

(1)相对方的抗辩权。

根据基础合同或约定的先决条件,权利人应首先履行发送货物、提供服务或资产的义务,在权利人未履行上述义务的情况下,应收账款相对人依据《民法典》具有抗辩权。《民法典》规定的法定抗辩权主要包括同时履行抗辩权、先履行抗辩权、不安抗辩权。对应收账款而言,主要可能产生的是先履行抗辩权,即确认合同履行顺序,即先交付货物或服务的义务,后付款。

《民法典》第五百二十六条规定,当事人互负债务,有先后履行顺序,应当先履行债务一方未履行的,后履行一方有权拒绝其履行请求。先履行一方履行债务不符合约定的,后履行一方有权拒绝其相应的履行请求。

基于此,在对应收账款进行确权时,需从合同文本角度确认合同履行顺序、了解权利人是否已充分履行合同义务、应收账款相对人对债务是否存在法定或合同约定的抗辩事由等。此外,为防范因权利人未履行合同项下付款先决义务而导致相对人行使抗辩进而导致现金流存在不稳定性,在确认合同履行顺利的同时,还应核查或要求相对方确认合同付款条件已成就,即权利人已履行交付货物或服务的义务，并由相对人出具确认函，确认对权利人已经履行的合同项下义务放弃任何抗辩，以消弭底层应收账款的不确定性。

(2)相对方的抵销权。

《民法典》下的抵销权分为法定抵销权与约定抵销权。法定抵销权，是指根据《民法典》第五百六十八条的规定，当事人互负债务，该债务的标的物种类、品质相同的，任何一方可以将自己的债务与对方的到期债务抵销；但是，根据债务性质、按照当事人约定或者依照法律规定不得抵销的除外。当事人主张抵销的，应当通知对方。通知自到达对方时生效。抵销不得附条件或者附期限。对于约定抵销权，《民法典》第五百六十九条规定，当事人互负债务，标的物种类、品质不相同的，经协商一致，也可以抵销。

在应收账款进行确权时，还应确定相对人是否存在法定或约定的抵销情形；如经核查确有的，可以要求相对人就放弃或豁免对该笔应收账款享有的约定或法定的抵销权进行确认。具体来说，可以与权利人、相对人签署确认函，取得权利人、相对人就应收账款的真实性、准确性、具体数额、付款日期以及对该笔应收账款不存在法定或者约定的抵销情形的确认，从而规范应收账款的回款。

(3)相对方的救济权。

《民法典》第五百七十七条规定，当事人一方不履行合同义务或者履行合同义务不符合约定的，应当承担继续履行、采取补救措施或者赔偿损失等违约责任。其中，就货物出现质量问题的，《民法典》第六百一十七条规定，出卖人交付的标的物不符合质量要求的，买受人可以依据本法第五百八十二条至第五百八十四条的规定请求承担违约责任。第五百八十二条规定，履行不符合约定的，应当按照当事人的约定承担违约责任。对违约责任没有约定或者约定不明确，依据本法第五百一十条的规定仍不能确定的，受损害方根据标的的性质以及损失的大小，可以合理选择请求对方承担修理、重做、更换、退货、减少价款或者报酬等违约责任。

因而，若权利人交付的货物存在瑕疵时，基于基础合同产生的法律关系，相对人仍有权要求基础合同的相对方承担违约责任。需要注意的是，当应收账款转让后，由于债权发生转让，权利人将其债权转让给第三人，第三人取代权利人成为原合同关系的新的债权人。对此，在债权转让过程中，可以要求原转让方对债权承担瑕疵担保责任，即担保该财产（或权利）无瑕疵，若移转的财产（或权利）有瑕疵，则应让转让方对此承担相当的责任。此外，还可以由相对方出具承诺说明，对权利人履行合同义务时出现的瑕疵（如有）确认排除或进行豁免。

3. 应收账款及附属担保权利的转让确认

应收账款作为金融产品中常见的底层资产，交易过程中通常将应收账款以债权转让方式予以利用。相应债权转让安排中需要关注的交易要点主要有：

（1）已经设立质权应收账款的转让效力。

《民法典》第四百四十五条第二款规定，应收账款出质后，不得转让，但是出质人与质权人协商同意的除外。出质人转让应收账款所得的价款，应当向质权人提前清偿债务或者提存。因此，经出质人与质权人协商同意，转让设立质押的应收账款债权有效。

对于拟作为基础资产的应收账款，如其已存在附属担保物权的，应先解除在先的抵押权。需要注意的是，上交所、深交所和中证机构间报价系统股份有限公司于 2018 年 6 月 8 日发布了《基础设施类资产支持证券挂牌条件确认指南》及《基础设施类资产支持证券信息披露指南》（以下简称“基础设施类两指南”）。基础设施类两指南明确，基础资产或底层资产已经存在抵押、质押等担保负担或者其他权利限制的，应当能够通过专项计划相关安排在原始权益人向专项计划转移基础资产时予以解除。这一规定明确了基础资产及底层资产上权利限制解除的时点，即该等权利限制应当能够通过专项计划相关安排在原始权益人向专项计划转移基础资产时予以解除。

（2）附属担保权利的转让确认。

《民法典》第五百四十七条规定，债权人转让债权的，受让人取得与债权有关的从权利，但是该从权利专属于债权人自身的除外。《民法典》第四百零七条规定，抵押权不得与债权分离而单独转让或者作为其他债权的担保。债权转让的，担保该债权的抵押权一并转让，但是法律另有规定或者当事人另有约定的除外。由上可知，债权发生转让时，通常其相应附属担保权益随主债权一并转让。

就抵押权等担保物权，在未办理变更登记情况下，是否必然发生附随转让的法律效力，因为此前《物权法》等规定并未明确，导致对此问题的认定，在法律规定与司法实践中曾有过争议。

《最高人民法院关于审理涉及金融资产管理公司收购、管理、处置国有银行不良贷款形成的资产的案件适用法律若干问题的规定》第九条规定，金融资产管理公司受让有抵押担保的债权后，可以依法取得对债权的抵押权，原抵押登记继续有效。但原抵押登记继续有效并不意味着抵押权发生转让效力，并且该规定也仅针对金融资产管理公司的受让行为，在适用范围上具有一定的局限性。

法院主流裁判观点倾向于认可抵押权附随主债权转让的有效性，并且不以办理抵押变更登记手续为生效条件。在最高人民法院(2015)民申字第2040号[①]裁定中，法院认为“本条系关于抵押权处分从属性的规定，抵押权作为从权利应随债权转让而转让。债权受让人取得的抵押权系基于法律的明确规定，并非基于新的抵押合同重新设定抵押权，故不因受让人未及时办理抵押权变更登记手续而消灭”。在最高院(2014)民申字第1725号[②]判决中亦认定“债权转让的，担保该债权的抵押权一并转让”。[③]

然而不同于抵押权，关于质权的附随转让问题更为复杂，因质权的设立因种类不同而有不同的生效机制。司法裁判中也有部分法院将前述关于抵押权转让的认定规则扩展适用于登记型权利质权的转移，认定权利质权随主债权一并转让，即使债权受让人未就股权质押办理变更登记，其仍对质物享有优先受偿权。例如，在陕西省高院(2015)陕民二初字第00001号[④]判决中，法院认为“北方光电公司依据《三方协议》的约定，在受让取得本案债权的同

---

① 《湖南绿兴源糖业有限公司、丁兴耀等与湖南绿兴源糖业有限公司、丁兴耀等借款合同纠纷申请再审案》[最高人民法院(2015)民申字第2040号]。

② 《浙江金华科技园开发有限公司与浙江省发展资产经营有限公司、金华市机电设备有限公司债权转让合同纠纷申请再审案》[最高院(2014)民申字第1725号]。

③ 叶锋. 未办理抵押变更登记 债权受让人亦取得抵押权[N]. 人民法院报，2015－04－09(007).

④ 《北方光电集团有限公司与云南天达光伏科技股份有限公司借款合同纠纷一审案》[(2015)陕民二初字第00001号]。

时，亦即受让取得了本案的股权质押权，成为股权质押合同的质权人，得依据《质押合同》及《三方协议》的约定享有对出质股权相应的权利……依照《物权法》第二百二十六条关于'以其他股权出质的，质权自工商行政管理部门出质登记时设立'的规定，本案质权自 2012 年 12 月 26 日登记设立，涉案的云南天达公司在华能石林光伏公司 30%的股权自质押设立登记之日即被设立为质押标的，除非出现主债权消灭、质权实现、质权人放弃质权或法律规定的其他情形导致质权消灭的情形，该质权始终存续于被质押的股权之上为主债权的实现而担保"。此外，新疆维吾尔自治区高院（2014）新民二初字第 65 号[①]判决亦支持了上述观点。

《民法典》出台后，因有关担保物权的规定基本沿袭上述《物权法》的相关规定，对此问题亦未有所涉及。《最高人民法院关于适用〈中华人民共和国民法典〉有关担保制度的解释》（法释〔2020〕28 号）对此有所回应，其第三十九条规定，"主债权被分割或者部分转让，各债权人主张就其享有的债权份额行使担保物权的，人民法院应予支持，但是法律另有规定或者当事人另有约定的除外"。

三、确权操作中的风险与防范

1. 相对方的信用风险与防范

应收账款的实现很大程度依赖于相对人的履约能力，如果相对人履约意愿或履约能力存在瑕疵，或相对人历史违约记录多或应收账款账龄偏长等，将直接导致应收账款回收的落空。此外，企业同相对人之间存在关联关系（如直接或间接交叉持股关系、董监高交叉任职关系、直接或间接共同股东关系、直接或间接共同投资关系等），关联方之间也可能存在不正当利益输送等情形。因此，在确权工作中，不仅应对相对方信用情况、经营状况、履约情况进行了解，还应对企业同关联方交易的内部制度及审批流程，及交易价格是

① 《刘富田与甘彦海、刘馨、陈飞武、新疆星湖湾房地产开发有限公司、新疆鄂尔多斯彦海房地产开发有限公司股权转让纠纷一审案》[新疆维吾尔自治区高院（2014）新民二初字第 65 号]。

否公允等进行重点关注。同时，在产品结构设计中，可以考虑增加增信措施，如强信用主体债务加入、设计差补或者回购环节等。

2. 虚构、虚增的风险与防范

由于应收账款是企业自己记录制作的，因此不可避免会存在记录错误、虚构、虚增的可能性，而虚记、虚增是应收账款确权过程中最大风险流。常见的虚记、虚增的手法主要有：

(1)利用各种手段多记应收账款，如相对人已经偿还了应收账款，但在报表上未予冲抵，在完工百分比确认收入的情形下，故意低估总成本或多记、实记发生成本以提高应收账款金额。

(2)通过未披露关联方虚构交易或以明显高于市场价的价格向关联方销售商品或提供服务。因此在确权过程中需要对应收账款的真实性，包括交易的相对人、交易的发生、履行等情况进行核查验证。

3. 回款混同的风险与防范

在实践中，权利人与相对人之间的业务关系可能处于长期稳定且频繁发生的状态，因此双方之间的贸易往来与资金往来通常是“错配”的，为避免应收账款与相对人的其他合同回款发生混同，实务中应遵循先进先出原则，根据债权成立时间将回款用于在先成立债权，或通过协议方式重新构造，确认相对方在某一节点后支付的回款先用于偿付交易范围内的应收账款，除此之外，还可以通过向相对人进行询证，结合具体的财务指标确认款项明细，通过以上方式将产品所指向的应收账款进行特定化，并指向特定的基础法律关系，且与已经完成或履行的(货物、服务或资产)交易进行匹配。

4. 重复转让或质押的风险与防范

就实践中存在应收账款多重质押和多重转让的问题，可以进一步区分为以下情况：

(1)应收账款重复转让。

权利人将同一笔应收账款进行多次转让。在转让协议均有效的前提下，在先通知相对人债权转让的受让人得到优先保护。

(2)应收账款转让与质押的冲突。

应收账款先质押后转让：一般情况下，应收账款出质后原则上不得进行转让。受让方可以通过查询动产融资公示系统的方式确认应收账款上是否已设立质权，一般无法通过善意取得的方式受让该笔债权。例外情形，即应收账款质押后，出质人可经质权人同意转让该笔应收账款，但在该等情况下，出质人转让应收账款所得的价款，应当向权利人提前清偿或者提存。

应收账款先转让后质押：一般情况下，应收账款权利人先将应收账款进行转让再就该等应收账款进行质押的，在进行质押时已丧失了权利基础，属于无权处分的情形。

(3)现有登记公示系统的法律效力与局限。

《民法典》第四百四十五条规定，以应收账款出质的，质权自办理出质登记时设立。《登记办法》第四条规定，中国人民银行征信中心(以下简称"征信中心")是应收账款质押的登记机构。《登记办法》第三十三条亦规定，权利人在登记公示系统办理以融资为目的的应收账款转让登记，参照本办法的规定。①

根据《登记办法》的相关规定，应收账款转让的登记机构与应收账款质押皆为征信中心的登记公示系统。然而债权转让办理登记的公示效力在实践中却存在争议。

在(2012)沪二中民六(商)终字第147号②一案中，就债权转让登记的效力问题，上海市第二中级人民法院就认为："首先，央行登记系统系根据《物权法》等规范性法律文件，为应收账款质押登记之目的而设；其次，应收账款转让登记无法律法规赋予其法律效力。从相关规定表述看，央行登记系统对债权转让登记的定位为公示服务，且央行登记系统对债权转让登记并不做实质性审查，故与应收账款质押登记不同，债权转让登记于央行登记系统不发生强制性排他对抗效力。"

需要特别注意的是，《登记办法》所指向与规制的主要是应收账款质押的

---

① 中华人民共和国国务院于2020年12月22日发布《关于实施动产和权利担保统一登记的决定》(国发〔2020〕18号)，进一步明确纳入统一登记范围的动产和权利担保，由当事人通过征信中心动产融资统一登记公示系统自主办理登记。

② 《中国工商银行股份有限公司上海市青浦支行与上海康虹纺织品有限公司合同纠纷一案二审案》[(2012)沪二中民六(商)终字第147号]。

操作与效力问题，应收账款并不以完成应收账款转让登记为应收账款转让的生效要件，即便完成在登记系统的应收账款转让登记也并不当然获得公示对抗效力。在实践操作中，需要特别关注和区分依据《登记办法》办理应收账款质押登记与应收账款转让登记的不同法律效力与法律后果。

(4)应收账款质押的通知义务。

如前所述，应收账款质押的生效并不以通知应收账款项下的债务人为条件，若质权人未就该等应收账款的质押通知前述债务人，则该等债务人在善意的情况下，通过向应收账款项下的原债权人或在后的受让人进行清偿，从而导致应收账款所指向的基础债权因履行完毕而消灭，将会导致质权人的权利落空，对于质权人而言将面临极大的不确定风险。因此，我们建议在实践操作中，质权人仍应关注应收账款质押的通知义务，并应在条件允许的情况下及时通知应收账款的债务人，以避免上述风险的发生。《最高人民法院关于适用〈中华人民共和国民法典〉有关担保制度的解释》(法释〔2020〕28 号)第六十一第三款规定对此亦做出肯定回应。

专题七

双重 SPV 结构的搭建及实践

一、双重 SPV 结构的特性

在资产证券化业务中，SPV 是为了实现特殊目的而设立的一个法律概念上的实体，一方面原始权益人将资产真实售予 SPV 可以实现破产隔离，即资产出售后即使原始权益人发生破产清算，已出售资产也不会被列入清算财产范围内，如果不能满足真实出售则只能视为一种担保融资，在会计上只能进行表内处理而无法实现破产隔离；另一方面引入评级机构基于基础资产的盈利能力和现金流稳定性对 SPV 进行分层评级，可以帮助原始权益人突破自身的主体信用限制。

通常情况下，在资产证券化业务操作中，通过构建一层 SPV 作为直接持有基础资产，并基于此发行资产支持证券的载体即可，不论该等载体是否实质上通过真实出售完成破产隔离（法律层面）或出表（会计层面）。然而随着基础资产的日益丰富以及交易结构的日益复杂，单纯的一层 SPV 结构可能无法满足监管规则的要求，因此双层 SPV 的架构就应运而生。

根据《资产证券化业务管理规定》，开展资产证券化的基础资产须是权属明确，可以产生独立、可预测的现金流且可特定化的财产权利或者财产。在我国法律体系下，对于一些基于合同权利获得收入的收益权类资产，如基于租赁关系获得租金，提供服务获得客票款、学费以及进行保障房销售获得的收入都属于与原始权益人经营高度相关的收益权，其本身并非法定权利，而是根据合同权利和交易需求创制出来的一种协定权利。尽管该等权利具有明细的财产属性，但其多指向未来的收益权，因而其未来的现金流的归入或预测存在不确定。通过设立 SPV1 将基础资产由法律上未明确界定的收益权转换为债权，再转让予 SPV2，可实现现金流的特定化和可预测。

二、双 SPV 资产证券化项目的关注要点

双 SPV 资产证券化项目由于交易结构复杂，很多项目以信托受益权为基础资产，掩盖了底层资产的多样性，对投资分析带来了更大的难度。在投资分析时应重点关注以下几点：

(1)坚持穿透原则，深入了解底层资产状况，明确是否能够锁定独立、持续、稳定、可预测的现金流作为偿还来源，底层资产的现金流是否具有分散性特征，现金流是否足够本息偿付，并进行适当的压力测试。

(2)深入研究交易结构。双 SPV 结构参与主体较多，相应的风险点也更多。需要明确每一笔现金流的具体流向，重点关注可能发生风险的环节。例如，由于涉及两个 SPV，计划管理人/信托公司的履职能力以及 SPV 之间的协调也非常值得关注。

(3)还要关注与项目相关的担保等增级措施。企业资产证券化项目以融资为主要目的，而且双 SPV 项目的现金流天然波动较大(所以要采用双 SPV 以使现金流特定化、稳定)，此时，发起主体的资质也需要重点关注。在交易结构复杂的情况下，如果有强资质的主体进行担保或提供流动性支持，则项目整体风险会显著下降。

(4)尽管双层 SPV 结构本身主要是为了满足监管规则需要进行构建和设计，但双层 SPV 结构，特别是对于引入信托计划的结构而言，仍需要注意监管规则对此的监管要求。例如，深交所在 2016 年 8 月公布的《资产证券化

业务问答》中明确提出，在基础资产为躲避信托收益权的资产证券化项目中，信托类型为资金信托或者法律关系清晰明确的财产权信托；信托计划不存在现金流重构、结构化分层。存在优先/劣后分层或现金流重构的集合资金信托计划可能无法作为基础资产在深交所发行，但目前在上交所发行的多款以存量信托收益权为基础资产的产品中均存在集合资金信托计划类型。

根据深交所的《资产证券化业务问答》，在基础资产为多笔信托收益权的资产证券化项目中，应依据"风险可控、底层穿透、一一对应、充分披露"的原则控制相应风险，确保入池资产底层法律关系简单明了；信托计划可以一一对应到底层的债务人，债权债务关系明晰，标准化程度高；信托计划资金投向不得违反负面清单、国家产业政策及监管要求，借款人不得为融资平台公司；鼓励投向高新计划行业、绿色行业、产业结构调整重点支持行业等国家政策支持的行业。

《资产证券化业务基础资产负面清单指引》以列举方式列明不适宜采用资产证券化业务形式或者不符合资产证券化业务监管要求的基础资产，同时明确对于最终投资标的为上述资产的信托计划受益权等基础资产亦适用。这意味着对双层SPV结构中引入信托计划并以信托计划收益权作为一层载体的资产证券化产品而言，仍需进行穿透核查，以确认其现金流来源是否属于"适格"的基础资产。

专题八

资产证券化中的税务问题

一、资产证券化业务面临的税收环境现状

与资产证券化业务及业务规则发展建设进度相比，有关税收政策的制定和规范却依然停留在我国资产证券化业务试点的早期阶段。除现有税收文件的合理性和实效性有待研究外，其适用对象的单一化亦使得大量新生资产证券化业务被排除在税收监管和规范之外。资产证券化各参与方在创新不同资产证券化业务时，都面临税收政策的困扰和掣肘。在税收政策不明朗或无法统一的情况下，各方在考量架构设计、合同安排、收益分成等证券化核心要素时，往往只能将税收因素予以搁置。

我们在此对现有资产证券化税收政策进行解读和分析，并结合当前主流的资产证券化业务类型，试图探讨未来我国资产证券化业务税收政策发展的方向。

截至目前，我国专门针对资产证券化的税收文件仅有《财政部 国家税务总局关于信贷资产证券化有关税收政策问题的通知》（以下简称“5 号文”）一个文件。该文件是针对银行信贷资产证券化试点而发布的税收政策，文件从

资产证券化的设立、经营和收益分配环节，对资产证券化涉及的所得税、印花税处理做了基本规定。

该文件是银行信贷资产证券化试点而发布的规范性文件，从规范的角度来说，并不涵盖企业资产证券化、资产支持票据等新型的资产证券化业务。对于该等类型的资产证券化业务，仍应遵循一般性税法规定，而无法适用该规定项下的相关税收政策安排。

二、资产证券化业务中的税收处理

从资产证券化业务的操作流程来看，主要在以下操作环节可能会涉及税收处理和筹划的问题：

(1)原始权益人向受托机构(代表资产支持计划)转让基础资产；

(2)受托机构(代表资产支持计划)持有基础资产期间所形成的收益；

(3)受托机构(代表资产支持计划)向持有人进行收益分配(包括持有人在资产支持计划存续期间进行转让行为所产生的收益)。

1. 原始权益人向受托机构(代表资产支持计划)转让基础资产时涉及的所得税和印花税

除《关于全面推开营业税改征增值税试点的通知》(财税〔2016〕36 号文)所规定的金融商品转让外，目前一般金融资产的转让不涉及增值税。在所得税方面，如果原始权益人转让资产的价格大于这些资产的计税基础，则原始权益人就取得的财产转让应纳税所得额部分需要缴纳企业所得税。当然，根据我国《企业所得税法》的规定，原始权益人就转让基础资产所取得的收入将与其其他收入汇总计算年度企业应纳所得税。在实践中，金融资产转让一般为平价或折价转让，一般不会产生应纳税所得额，亦不会实质增加原始权益人的企业所得税负担。值得注意的是，在具体的资产支持计划存续期间，原始权益人赎回或置换已转让的资产，将被视为一项独立的商业交易行为，仍需按现行企业所得税的规定，汇总计算该项交易的所得，并统一汇算企业所得税。

在印花税方面，根据我国《印花税暂行条例》的规定，在中华人民共和国境内书立、领受该条例所列举凭证的单位和个人，都是印花税的纳税义务人，需要缴纳印花税。

针对信贷资产证券化项目，前述 5 号文规定对项目涉及的信托合同等其他为证券化交易提供服务的机构签订的应税合同，及为信托设立的资金账簿，暂免征收印花税。对于其他类型的资产证券化项目，目前无相应的免税政策，因此需要根据《印花税暂行条例》的规定，对于原始权益人向资产支持计划转让基础资产所前述的资产转让合同，若该等基础资产属于前述印花税征税范围内的资产，则应当就此缴纳印花税。

我们同时注意到，5 号文对于此环节的印花税，给予发起机构一定的免征印花税的优惠政策，主要涉及：

(1)信贷资产证券化的发起机构将实施资产证券化的信贷资产信托予受托机构时，双方签订的信托合同暂不征收印花税。

(2)受托机构委托贷款服务机构管理信贷资产时，双方签订的委托管理合同暂不征收印花税。

(3)发起机构、受托机构在信贷资产证券化过程中，与资金保管机构、证券登记托管机构以及其他为证券化交易提供服务的机构签订的其他应税合同，暂免征收发起机构、受托机构应缴纳的印花税。

(4)受托机构发售信贷资产支持证券以及投资者买卖信贷资产支持证券暂免征收印花税。

(5)发起机构、受托机构因开展信贷资产证券化业务而专门设立的资金账簿暂免征收印花税。

2. 受托机构(代表资产支持计划)持有基础资产期间所形成的收益

根据基础资产的不同类型，受托机构(代表资产支持计划)持有基础资产期间所形成的收益主要分为股息收入(基础资产为股权类资产)和利息收入(基础资产为债权类资产)。从目前的业务实践来看，基础资产的主要类型为债权类资产。

不论对于资产支持计划的法律性质如何认定，其均非《企业所得税法》下的企业，因此无须遵照《企业所得税法》的规定，就其持有基础资产期间所形成的收益缴纳企业所得税。

《关于资管产品增值税有关问题的通知》(财税〔2017〕56 号)规定,资管产品管理人(以下简称“管理人”)运营资管产品过程中发生的增值税应税行为,暂适用简易计税方法,按照 3%的征收率缴纳增值税。资管产品包括银行理财产品、资金信托(包括集合资金信托、单一资金信托)、财产权信托、公开募集证券投资基金、特定客户资产管理计划、集合资产管理计划、定向资产管理计划、私募投资基金、债权投资计划、股权投资计划、股债结合型投资计划、资产支持计划、组合类保险资产管理产品、养老保障管理产品。需要注意的是,有关增值税缴纳的前提是资管产品运营过程中发生了增值税应税行为。

《财政部 国家税务总局关于全面推开营业税改征增值税试点的通知》(财税〔2016〕36 号)规定,自 2016 年 5 月 1 日起,在全国范围内全面推开营业税改征增值税(以下简称“营改增”)试点,建筑业、房地产业、金融业、生活服务业等全部营业税纳税人,纳入试点范围,由缴纳营业税改为缴纳增值税。同时其附件《销售服务、无形资产、不动产注释》中明确“金融服务,是指经营金融保险的业务活动,包括贷款服务、直接收费金融服务、保险服务和金融商品转让。贷款服务,是指将资金贷与他人使用而取得利息收入的业务活动。各种占用、拆借资金取得的收入,包括金融商品持有期间(含到期)利息(保本收益、报酬、资金占用费、补偿金等)收入、信用卡透支利息收入、买入返售金融商品利息收入、融资融券收取的利息收入,以及融资性售后回租、押汇、罚息、票据贴现、转贷等业务取得的利息及利息性质的收入,按照贷款服务缴纳增值税。融资性售后回租,是指承租方以融资为目的,将资产出售给从事融资性售后回租业务的企业后,从事融资性售后回租业务的企业将该资产出租给承租方的业务活动。以货币资金投资收取的固定利润或者保底利润,按照贷款服务缴纳增值税”。

同时《财政部 国家税务总局关于明确金融房地产开发教育辅助服务等增值税政策的通知》(财税〔2016〕140 号)进一步规定:

(1)《销售服务、无形资产、不动产注释》(财税〔2016〕36 号)第一条第(五)项第一点所称“保本收益、报酬、资金占用费、补偿金”,是指合同中明确承诺到期本金可全部收回的投资收益。金融商品持有期间(含到期)取得的非保本的上述收益,不属于利息或利息性质的收入,不征收增值税。

(2)纳税人购入基金、信托、理财产品等各类资产管理产品持有至到期，不属于《销售服务、无形资产、不动产注释》(财税〔2016〕36号)第一条第(五)项第4点所称的金融商品转让。

(3)资管产品运营过程中发生的增值税应税行为，以资管产品管理人为增值税纳税人。

因此，对于包括资产支持计划存续过程中所取得的收益，只有在满足前述财税〔2016〕36号、财税〔2016〕140号规定时，才属于增值税应税收入，并需要就此缴纳增值税。

3. 受托机构(代表资产支持计划)向持有人进行的收益分配(包括持有人在资产支持计划存续期间进行转让行为所产生的收益)

如前所述，对资产支持计划的持有人而言，对于在持有期间由受托机构(代表资产支持计划)向持有人进行的收益分配或投资者转让其持有的资产支持计划份额所产生的差价收入，机构投资者应当按照企业所得税的法律规定缴纳企业所得税。

关于投资者因持有资产支持证券而获得分配的投资收益是否需要缴纳增值税，如前所述，在资产支持计划中，并不承诺和保证到期本金可全部收回，因此，一般认为投资者取得的投资收益不应征收增值税。而对于投资者转让出售资产支持证券的行为，根据财税〔2016〕36号文的规定，应属于金融商品转让的范畴，需要就转让资产支持证券取得的差价收入作为计税基数缴纳增值税。

三、资产证券化实践中的问题与障碍

首先，需要实现税收待遇和适用范围的统一。目前仅有针对信贷资产证券化的特殊税收规定，对于其他类型的资产证券化产品并没有特殊的税收政策，在产品运营过程中面临税务政策适用上的不确定。

其次，应秉持和明确税收中性原则，对于因构建证券化过程所发生的基础资产转让行为，能给予特殊的免税或递延纳税处理，特别是对于不动产类REITs产品而言，如不能从顶层设计上明确税收中性的政策适用，将会极大限制业务的开展。

专题九

PPP 项目的资产证券化

PPP(Public-Private Partnerships)即政府和社会资本合作,指政府采取竞争性方式择优选择具有投资、运营管理能力的社会资本,双方通过订立 PPP 项目协议,明确责、权、利关系,由社会资本提供公共产品和服务,政府依据公共产品和服务的绩效评价结果向社会资本支付相应对价。

早在 2014 年 9 月,《关于加强地方政府性债务管理的意见》(国发〔2014〕43 号)首次提出,投资 PPP 项目的投资者可以通过资产证券化的方式进行融资。同年 11 月《关于创新重点领域投融资机制鼓励社会投资的指导意见》(国发〔2014〕60 号)提出,应当在重点支持的领域鼓励通过证券化进行融资。由于股权融资存在发行审核周期长、远水难解近渴等问题,债券融资又存在发行条件弱、偿还期限与项目回报周期不匹配等障碍,资产证券化被视为解决 PPP 融资难的关键一步。[①]

PPP 作为缓解政府债务而产生的新型项目开展模式,承担了大量基础设施及公共事业建设作用,截至 2020 年 6 月 30 日,PPP 累计在库项目 9 626

---

① 苏诗钰. 多部门相继为 PPP 项目资产证券化开"绿灯"——专家表示,相关立法、信息披露、投资支持等政策皆将于今年进入完善期[N]. 证券日报. 2017－2－20(A02). http://epaper.zqrb.cn/html/2017－02/20/content_4059.htm? div=－1(最后访问日期:2020 年 8 月 16 日)。

个、投资额14.8万亿元,规模已极为庞大。PPP项目具有金额大、回报期长、回报节奏平缓等特点,由此产生的流动性不足的问题,会迫使社会资本方拓展多渠道的融资方式。随着大量项目的落地,社会资本方盘活PPP项目资产的需求越发强烈。资产证券化产品具有期限分割、流动性多样的优势,能较好地帮助社会资本方提前实现财务退出。

一、PPP项目资产证券化的优势

PPP项目对接资产证券化融资,可以有效降低原始权益人的债务杠杆,盘活PPP项目的存量资产,降低社会资本的使用成本,是社会资本投资PPP项目实现财务退出的有效渠道。作为PPP项目重要参与方,政府、社会资本方及银行均可通过资产证券化实现部分诉求。

(1)就地方政府而言,有利于调动资本市场活力,增强社会资本方信心,树立政府形象,为当地基础设施、公共事业的建设吸引更多投资。

(2)就社会资本方而言,有利于提前实现财务退出,盘活存量资产;同时多样化的增信措施可提升证券评级,降低融资成本。

(3)就原项目的贷款发放机构或融资机构而言,社会资本方可提前偿还贷款等融资,增强资金流转效率;同时还可以投资者身份参与,变“贷款”为“投资”,不占用放贷余额,减少准备金压力。

二、PPP及其资产证券化的政策变迁

截至2017年6月30日,关于PPP资产证券化的政策法规如表1所示。

表1 **关于PPP资产证券化的政策法规**

序号	实施日期	效力级别	规范名称	相关内容
1	2014年9月21日	国务院规范性文件	《关于加强地方政府性债务管理的意见》(国发〔2014〕43号)	加快建立规范的地方政府举债融资机制。推广使用政府与社会资本合作模式。鼓励社会资本通过特许经营等方式,参与城市基础设施等有一定收益的公益性事业投资和运营。投资者或特别目的公司可以通过银行贷款、企业债、项目收益债券、资产证券化等市场化方式举债并承担偿债责任。政府对投资者或特别目的公司按约定规则依法承担特许经营权、合理定价、财政补贴等相关责任,不承担投资者或特别目的公司的偿债责任
2	2014年11月16日	国务院规范性文件	《关于创新重点领域投融资机制鼓励社会投资的指导意见》(国发〔2014〕60号)	支持重点领域建设项目开展股权和债权融资。推动铁路、公路、机场等交通项目建设企业应收账款证券化
3	2014年11月29日	部门规范性文件	《政府和社会资本合作模式操作指南(试行)》(财金〔2014〕113号)	指南方式明确PPP项目的具体操作流程,明确项目识别、项目准备、项目采购、项目执行、项目移交等各阶段的操作细节
4	2015年5月4日	部门规范性文件	《关于深化交通运输基础设施投融资改革的指导意见》(交财审发〔2015〕67号)	积极推广政府和社会资本合作模式。对特许经营收入不能完全覆盖投资运营成本的项目,可采取政府对BOT项目在建设期(或运营期)给予适当政府投入的方式,也可以采取政府与社会投资者共同成立特别目的公司的方式,政府投入作为特殊股份,参与重大决策,不参与日常管理。投资者或特别目的公司可以通过银行贷款、企业债、项目收益债券、资产证券化等市场化方式举债并承担偿债责任
5	2015年6月1日	部门规章	《基础设施和公用事业特许经营管理办法》(国家发展和改革委员会财政部住房城乡建设部交通运输部水利部中国人民银行令第25号)	国家鼓励通过设立产业基金等形式入股提供特许经营项目资本金。鼓励特许经营项目公司进行结构化融资,发行项目收益票据和资产支持票据等
6	2015年4月7日	部门规范性文件	《政府和社会资本合作项目财政承受能力论证指引》(财金〔2015〕21号)	自《政府和社会资本合作模式操作指南(试行)》(财金〔2014〕113号)发布以来,PPP项目的"识别"阶段新增两个必经程序,即物有所值评价和财政承受能力论证 本指引就是对于财政承受能力论证的具体指引规范
7	2015年12月18日	部门规范性文件	《PPP物有所值评价指引(试行)》(财金〔2015〕167号)	本指引是有关PPP项目"识别"阶段物有所值评价的具体指引规范

续表

序号	实施日期	效力级别	规范名称	相关内容
8	2016年8月10日	部门规范性文件	《关于切实做好传统基础设施领域政府和社会资本合作有关工作的通知》(发改投资〔2016〕1744号)	推动PPP项目与资本市场深化发展相结合，依托各类产权、股权交易市场，通过股权转让、资产证券化等方式，丰富PPP项目投资退出渠道。提高PPP项目收费权等未来收益变现能力，为社会资本提供多元化、规范化、市场化的退出机制，增强PPP项目的流动性，提升项目价值，吸引更多社会资本参与
9	2016年12月21日	部门规范性文件	《关于推进传统基础设施领域政府和社会资本合作(PPP)项目资产证券化相关工作的通知》(发改投资〔2016〕2698号)	阐明PPP项目资产证券化的重要意义，要求各省级发展改革部门大力推动传统基础设施领域PPP项目资产证券化，明确重点推动资产证券化的PPP项目范围，优先鼓励符合国家发展战略的PPP项目开展资产证券化。要求证券监管部门及自律组织应积极支持PPP项目资产证券化，着力优化PPP项目资产证券化审核程序，引导市场主体建立合规风控体系，鼓励中介机构依法合规开展PPP项目资产证券化业务
10	2017年2月17日	行业规定	《关于推进传统基础设施领域政府和社会资本合作(PPP)项目资产证券化业务的通知》	上交所鼓励PPP项目企业及相关中介机构依法积极开展PPP项目资产证券化业务。将成立PPP项目资产证券化工作小组，明确专人落实相应职责，对于符合条件的优质PPP项目资产证券化产品，提升受理、评审和挂牌转让工作效率，实行“即报即审、专人专岗负责”
11	2017年2月17日	行业规定	《关于推进传统基础设施领域政府和社会资本合作(PPP)项目资产证券化业务的通知》(深证会〔2017〕46号)	深交所鼓励PPP项目企业及相关中介机构依法积极开展PPP项目资产证券化业务。将成立PPP项目资产证券化工作小组，明确专人落实相应职责，对于符合条件的优质PPP项目资产证券化产品，提升受理、评审和挂牌转让工作效率，实行“即报即审、专人专岗负责”
12	2017年2月17日	行业规定	《关于PPP项目资产证券化产品实施专人专岗备案的通知》	专项计划管理人按照《资产支持专项计划备案管理办法》(以下简称《备案管理办法》)的要求，通过基金业协会备案管理系统以电子化方式报备PPP项目资产证券化产品
13	2017年3月27日	部门规范性文件	《关于深化能源行业投融资体制改革的实施意见》(国能法改〔2017〕88号)	要求畅通能源投资项目融资渠道，鼓励发展能源项目直接融资。总结能源领域资产证券化实践经验，鼓励金融机构选择符合条件的能源信贷资产、企业应收款、信托受益权、基础设施收益权等为基础资产，开展形式多样的资产证券化业务，盘活存量能源设施资产

续表

序号	实施日期	效力级别	规范名称	相关内容
14	2017年5月31日	部门规范性文件	《关于深入推进农业领域政府和社会资本合作的实施意见》(财金〔2017〕50号)	加大政策保障,拓宽金融支持渠道,充分发挥中国PPP基金和各地PPP基金的引导作用,带动更多金融机构、保险资金加大对农业PPP项目的融资支持。加强与国家农业信贷担保体系的合作,鼓励各地设立农业PPP项目担保基金,为PPP项目融资提供增信支持。创新开发适合农业PPP项目的保险产品。开展农业PPP项目资产证券化试点,探索各类投资主体的合规退出渠道
15	2017年6月7日	部门规范性文件	《关于规范开展政府和社会资本合作项目资产证券化有关事宜的通知》(财金〔2017〕55号)	分类、稳妥地推动PPP项目资产证券化,鼓励项目公司开展资产证券化优化融资安排,探索项目公司股东开展资产证券化盘活存量资产,支持项目公司其他相关主体开展资产证券化,严格筛选开展资产证券化的PPP项目,完善PPP项目资产证券化工作程序。着力加强PPP项目资产证券化监督管理,切实做好风险隔离安排;合理分担资产证券化的成本收益;切实防范刚性兑付风险;充分披露资产证券化相关信息;大力营造良好发展环境
16	2017年11月10日	部门规范性文件	《关于规范政府和社会资本合作(PPP)综合信息平台项目库管理的通知》(财办金〔2017〕92号)	提出了规范项目库管理的三大举措:一是实行分类管理。将项目库按阶段分为储备清单和项目管理库:储备清单内的项目重点用于孵化和推介,项目管理库内的项目要接受严格监管,确保全生命周期规范运作。二是统一新项目入库标准。明确不适宜采用PPP模式实施、前期准备工作不到位、未建立按效付费机制的项目不得入库,提升入库项目质量。明确下一步政策方向,即优先支持通过PPP模式盘活存量公共资产,审慎开展政府付费项目,防止财政支出过快增长,突破财政承受能力上限。三是组织开展已入库项目的集中清理。组织各地财政部门将操作不规范、实施条件不具备、信息不完善的项目清理出库,推动各地建立健全专人负责、持续跟踪、动态调整的常态化管理机制,提升项目库信息质量和管理水平
17	2017年10月19日	行业规定	《政府和社会资本合作(PPP)项目资产支持证券挂牌条件确认指南》《政府和社会资本合作(PPP)项目资产支持证券信息披露指南》	上交所、深交所同步发布实施政府和社会资本合作(PPP)项目资产支持证券的挂牌条件确认指南和信息披露指南,对PPP项目收益权、PPP项目资产、PPP项目公司股权三类基础资产的合格标准、发行环节信息披露要求、存续期间信息披露要求等做出了详细规定

从效力级别、发文部委、规范内容的重要性和可操作性等角度分析,将着

重进行以下规范的解读：

1.《关于加强地方政府性债务管理的意见》[（国发〔2014〕43号），以下简称“43号文”]

1994年我国《预算法》第二十八条规定：“除法律和国务院另有规定外，地方政府不得发行地方政府债券。”该规定从根本上禁止了地方政府举债的可能性。面对日益增长的基础设施建设需求，地方政府通过设立融资平台以完成建设及融资的目标。同时，金融机构也向地方政府索要“承诺函”“安慰函”等文件作为放款的前提条件，增加了地方政府的隐性债务。

为了控制隐性债务的规模，2014年修订的《预算法》适度放开了地方政府的举债限制。作为配套，国务院发布了43号文，该文除明确对地方债的管控原则外，在融资渠道上向地方政府推广使用政府与社会资本合作模式筹集资金，并支持投资者或特别目的公司可以通过银行贷款、企业债、项目收益债券、资产证券化等市场化方式举债并承担偿债责任。

PPP市场参与主体在不同时期对43号文有着不同的理解。2014—2017年是PPP高速发展的时期，在中央严控隐性债务的大背景下，地方政府亟须新的融资渠道纾困，此时的PPP作为43号文中官方推广的融资机制而广受地方政府的追捧，这一时期PPP的监管处于摸索阶段，相关的规范性文件更多的是细化PPP项目“怎么做”，而很少讨论什么样的PPP不能做，因此该阶段内PPP项目无论数量还是总投资额都呈现高速增长的态势，其中自然也包括了部分以PPP之名增加政府隐形债务的项目。

2017年下半年起，中央对PPP的态度发生了重大的变化，从原来的推广和支持改为严格控制，在这一时期PPP市场的参与主体能明显体会到43号文更多地作为严控政府隐性债务的重要文件而被提及，市场参与主体对PPP的理解也从政府的融资机制转向政府和社会资本的合作。

2.《政府和社会资本合作模式操作指南（试行）》（财金〔2014〕113号，以下简称“113号文”）、《政府和社会资本合作项目财政承受能力论证指引》（财金〔2015〕21号，以下简称“21号文”）、《PPP物有所值评价指引（试行）》（财金〔2015〕167号，以下简称“167号文”）

21号文、113号文以及167号文是指导PPP项目的纲领性文件，规范

PPP项目的“两评一案”(物有所值评价、财政承受能力论证及实施方案)。PPP项目的“两评一案”获得同级财政部门的通过是PPP项目合规性论证的前提。

2020年1月23日，财政部网站发布了《关于公布废止和失效的财政规章和规范性文件目录(第十三批)的决定》(财政部令第103号)，21号文、113号文以及167号文均属于废止和失效的财政规章和规范性文件的目录。

虽然上述文件已经失效，但并不必然代表PPP项目无须进行“两评一案”工作，在《关于推进政府和社会资本合作规范发展的实施意见》(财金〔2019〕10号)、《关于规范政府和社会资本合作(PPP)综合信息平台项目库管理的通知》(财办金〔2017〕92号)等文件中，PPP项目是否通过“两评一案”仍是其是否合规的认定标准，因此我们认为在新的相关规定出台前，“两评一案”的工作仍会参照上述文件执行。

3.《关于推进传统基础设施领域政府和社会资本合作(PPP)项目资产证券化相关工作的通知》(发改投资〔2016〕2698号，以下简称“2698号文”)

2016年9月22日，国务院发布《关于积极稳妥降低企业杠杆率的意见》(国发〔2016〕54号)，明确提出“多措并举盘活企业存量资产”，并将资产证券化作为措施之一，要求“有序开展企业资产证券化。按照‘真实出售、破产隔离’原则，积极开展以企业应收账款、租赁债权等财产权利和基础设施、商业物业等不动产财产或财产权益为基础资产的资产证券化业务。支持房地产企业通过发展房地产信托投资基金向轻资产经营模式转型”。

在这一背景下，发改委发布了2698号文，本文件对PPP证券化项目的实施条件提出了具体要求，主要有以下四点：

(1)项目已严格履行审批、核准、备案手续和实施方案审查审批程序，并签订规范有效的PPP项目合同，政府、社会资本及项目各参与方合作顺畅；

(2)项目工程建设质量符合相关标准，能持续安全稳定运营，项目履约能力较强；

(3)项目已建成并正常运营2年以上，已建立合理的投资回报机制，并已产生持续、稳定的现金流；

(4)原始权益人信用稳健，内部控制制度健全，具有持续经营能力，最近三年未发生重大违约或虚假信息披露，无不良信用记录。

同时还对各省级发改委优先发展哪些PPP证券化项目做出了指导。是否符合国家整体的战略部署，政府负债水平低，PPP证券化项目收益状况，主要社会资本参与方是否为行业龙头企业，当地市场发育等均应为各省发改委重点考虑的方向。各省发改委应当基于以上考虑，重点推进典型项目，推动PPP证券化领域的发展。

4.《关于规范开展政府和社会资本合作项目资产证券化有关事宜的通知》（财金〔2017〕55号，以下简称“55号文”）

为贯彻落实《关于在公共服务领域推广政府和社会资本合作模式指导意见的通知》（国办发〔2015〕42号），规范推进政府和社会资本合作项目资产证券化工作，财政部、人民银行、证监会联合出台55号文，为分类稳妥地推动PPP项目资产证券化，完善PPP项目资产证券化工作程序，加强相关监管提出了较为具体的要求。

55号文列举了PPP项目开展ABS的三种基础资产来源，即项目公司的项目收益权、股东的股权及为项目公司提供融资支持的各类债权人以及为项目公司提供建设支持的承包商等企业作为发起人（原始权益人）所持有的合同债权、收益权。相比于发改委的2698号文，55号文突破了项目必须运营2年的限制，非走绿色通道的项目在运营期即可开展证券化融资，并探索在建设期依据PPP合同约定的未来收益权开展融资。但以股东持有项目公司股权作为基础资产开展证券化的，仍保留了需运营2年的要求。

5.《关于规范政府和社会资本合作（PPP）综合信息平台项目库管理的通知》（财办金〔2017〕92号，以下简称“92号文”）

92号文作为PPP项目库管理的规范性文件，明确了PPP项目库的入库及出库标准，对于不适宜采用PPP模式实施、前期准备工作不到位、未建立按效付费机制的项目将不予入库，对于不适宜采用PPP模式实施、前期准备工作不到位、未按规定开展“两个论证”、不符合规范运作要求、构成违法违规举债担保及未按规定进行信息公开的PPP项目将予以清退出库。

92号文首次确立了PPP项目库动态化调整的原则，这意味着过往不合规的PPP项目面临被调出项目库的风险。这种“新规溯及既往”的态度使

PPP 模式的稳定性受到一定影响。

6. 证监会《政府和社会资本合作(PPP)项目资产支持证券挂牌条件确认指南》(以下简称《PPP 项目挂牌条件指南》)、《政府和社会资本合作(PPP)项目资产支持证券信息披露指南》(以下简称《PPP 项目信息披露指南》)

相比于 55 号文,上交所、深交所同日分别发布《PPP 项目挂牌条件指南》及《PPP 项目信息披露指南》,更多从 ABS 业务层面明确了 PPP 项目开展资产证券化的挂牌条件即信息披露要求,PPP 项目资产证券化的挂牌、发行所需条件也更加明朗清晰。

三、PPP 资产证券化的难点

1. 原始权益人的持续经营和资产服务能力审查

原始权益人作为专项计划的项目公司,负责专项计划的具体实施,是项目融资的主体。因此,原始权益人是否具有持续经营能力和资产服务能力,就成为专项计划能否顺利实施、是否存在不可控风险的关键因素。

2698 号文也对 PPP 项目范围提出了明确要求,要求原始权益人信用稳健,内部控制制度健全,同时还要求项目工程建设质量符合相关标准,能持续安全稳定运营,项目履约能力较强,项目已建成并正常运营 2 年以上,已建立合理的投资回报机制,并已产生持续、稳定的现金流。这些规定,实际上就是提出了一个项目公司需要拥有的持续经营能力、资产服务能力的标准。虽然在 55 号文中取消了 2 年运营期的限制,但对原始权益人的持续经营和资产服务能力审查仍为重点。

2. 基础资产是否存在权利负担的审查

PPP 资产证券化项目中的基础资产通常为相关证券获得收益的根本源泉。因此,对 PPP 项目基础资产的管理是 PPP 项目资产证券化风险管理的核心。

《资产证券化业务管理规定》第三条规定,基础资产可以是单项财产权利或者财产,也可以是多项财产权利或者财产构成的资产组合。基础资产可以是企业应收款、租赁债权、信贷资产、信托受益权等财产权利,基础设施、商业物业等不动产财产或不动产收益权，以及中国证监会认可的其他财产或财产权利。

但是基础资产必须要符合法律法规规定，权属明确，可以产生独立、可预测的现金流且可特定化的财产权利或者财产。此中财产权利或者财产，其交易基础应当真实，交易对价应当公允，现金流应当持续、稳定。

在专项计划中，权属明确是指基础资产的占有、使用、收益和处分的权利明确属于项目公司，项目公司将这部分权利全部用于专项计划的实施。这就要求，项目公司的母公司不能滥用其对子公司的控制权与影响力，项目公司也不能将专项计划中的财产与其他财产混同，或是做出任何会使得基础资产产生权利负担的行为。

在项目公司获得政府特许经营权的专项计划中，确立基础资产有无权利负担时，还应当着重审查特许经营权的权利来源是否合法，特许经营权的剩余收费期限是否充足。

在使用者付费的专项计划中，确立基础资产有无权利负担时，还应当审查收费权设立的是否具有合法性依据，收费权所依附设施的权属是否清晰这些问题。当然在使用者付费的专项计划中，关于收费权现金流是否稳定，收费权现金流是否存在混同或挪用风险的审查，也十分重要。

3. 不同收益方式的潜在风险审查

基于不同收益方式，项目的高风险点也有所不同。就不同收益方式的固有特点进行如下分析：

(1)政府付费。

政府付费，是指由政府直接付费购买公共产品或服务。其与使用者付费的最大区别在于付费主体是政府而非项目的最终使用者。根据项目类型和风险分配方案的不同，在政府付费机制下，政府付费的标准不同。常见的付费标准主要为以下几种：

①政府依据项目公司所提供的项目设施或服务是否符合合同约定的标准和要求来付费的可用性付费(Availability Payment)。例如，相对于项目设施或服务的实际使用量，政府更关注该项目设施或服务的可用性的奥运会场馆。

②政府依据项目公司所提供的项目设施或服务的实际使用量来付费的使用量付费(Usage Payment)。实践中,污水处理、垃圾处理等部分公用设施项目较多地采用使用量付费。

③政府依据项目公司所提供的公共产品或服务的质量付费,通常与可用性付费或者使用量付费搭配使用的绩效付费(Performance Payment)。

根据55号文的规定,项目建设成本不参与绩效考核,或实际与绩效考核结果挂钩部分占比不足30%,固化政府支出责任的PPP项目,将不得入库。在向交易所上报材料的过程中,项目收入与绩效考核的关系也是重点关注的对象。在审查这一类项目时,应当充分考虑达到政府付费标准的难易程度,如果政府付费标准与原始权益人的资产服务能力不相匹配,或项目的回报未与绩效考核进行挂钩,相关投资就会存在较大风险。

(2)使用者付费。

使用者付费,是指由最终消费用户直接付费购买公共产品和服务。使用者付费机制常见于高速公路、桥梁、地铁等公共交通项目以及供水、供热等部分公用设施项目中。在项目公司与政府签订的协议中,有两个特殊条款,会极大地影响项目公司的利润率,值得注意。

①唯一性条款。在采用使用者付费机制的项目中,由于项目公司的成本回收和收益取得与项目的实际需求量直接挂钩,为降低项目的需求风险,确保项目能够顺利获得融资支持和稳定回报,项目公司通常会要求在PPP项目合同中增加唯一性条款,要求政府承诺在一定期限内不在项目附近新建竞争性项目。

②超额利润限制。在一些情形下,使用者需求激增或收费价格上涨,将可能导致项目公司因此获得超出合理预期的超额利润。但是政府可能会设定一些限制超额利润的机制,包括约定投资回报率上限,超出上限的部分归政府所有,或者就超额利润部分与项目公司进行分成等。

(3)可行性缺口补助。

可行性缺口补助,是政府付费与使用者付费之外的一种折中选择。对于使用者付费无法使社会资本获取合理收益,甚至无法完全覆盖项目的建设和运营成本的项目,可以由政府提供一定的补助,以弥补使用者付费之外的缺口部分，使项目具备商业上的可行性。具体操作：政府无偿提供部分项目建设资金作为投资补助，或者提供一定的价格补贴，例如地铁票价补贴，无偿划拨土地，提供优惠贷款、贷款贴息，投资入股等。

在确定补贴时，项目公司应当就预期收益与政府补贴之和，与预计成本相比较，以防止入不敷出；政府也应审慎地给出补贴，以防止超额利润的发生；投资者更应当全面考虑后，再做出是否投资的决定。

专题十

投资者适当性与金融消费者的保护

2018年4月27日，人民银行、银保监会、证监会、外汇局共同发布了《资管新规》。《资管新规》一方面致力于打破金融领域的刚性兑付，强调卖者尽责、买者自负的金融产品风险承担模式；另一方面在落实和强调资管产品管理人主动管理的职责，买者自负的前提是卖者尽责。

对于资管产品管理人而言，打破刚性兑付并非意味着承担职责的减轻，相反刚性兑付的打破所带来的信用背书的缺位势必将关注点聚焦于管理人职责履行与否。而管理人如何在资产产品募、投、管、退过程中履行与落实自身的管理职责，就成为判定与衡量其是否适格履职的关键。具体而言，资管产品的发行与销售，作为管理人职责的开端，首要面对的就是适当性管理的问题。

一、适当性管理问题的回应

《资管新规》第六条规定，金融机构发行和销售资产管理产品应当坚持"了解产品"和"了解客户"的经营理念，加强投资者适当性管理，向投资者销售与其风险识别能力和风险承担能力相适应的资产管理产品。禁止欺诈或者误导投资者购买与其风险承担能力不匹配的资产管理产品。金融机构不得通过拆分资产管理产品的方式,向风险识别能力和风险承担能力低于产品风险等级的投资者销售资产管理产品。

对于前述《资管新规》提出的适当性管理,中国人民银行有关负责人就《关于规范金融机构资产管理业务的指导意见》答记者问[①]中对此的进一步阐述和回应是:

"贯彻'合适的产品卖给合适的投资者'理念:一方面公募产品和私募产品,分别对应社会公众和合格投资者两类不同的投资群体,体现不同的投资者适当性管理要求;另一方面,根据投资性质将资管产品分为不同类型,以此可区分产品的风险等级,同时要求资管产品发行时明示产品类型,可避免'挂羊头卖狗肉',切实保护金融消费者权益。"

从上述《资管新规》及答记者问中可以看出,"适当性义务"至少可以从以下几个维度去理解与落实:

(1)认识与区分投资者类型以及其对风险的容忍接受程度;

(2)认识和区分产品的风险等级;

(3)将相应风险等级的产品推介销售给适格的投资者。

当然,上述维度所隐含的一个基本逻辑前提是真实的信息披露,即不论是对投资者及产品风险等级的认识与区分,还是对适当产品的推荐,均应建立在真实的信息披露基础上。之所以适当性义务围绕和关注金融产品的风险知情权和选择权,是因为金融产品的重心在于对风险的定价,而由于买卖双方地位及信息方面的差距,投资者无法充分知悉或参与风险定价的过程,显然,对于风险程度的知晓与确认就成为其涉入金融产品前最后的"防火墙"。

关于适当性义务的范围,最高人民法院于 2019 年 11 月 14 日发布的《九民纪要》也做了司法层面的回应。《九民纪要》第七十二条规定,适当性义务是指卖方机构在向金融消费者推介、销售银行理财产品、保险投资产品、信托

---

① http://www.pbc.gov.cn/goutongjiaoliu/113456/113469/3529603/index.html,最后访问日期:2021 年 3 月 30 日。

理财产品、券商集合理财计划、杠杆基金份额、期权及其他场外衍生品等高风险等级金融产品，以及为金融消费者参与融资融券、新三板、创业板、科创板、期货等高风险等级投资活动提供服务的过程中，必须履行的了解客户、了解产品、将适当的产品（或者服务）销售（或者提供）给适合的金融消费者等义务。卖方机构承担适当性义务的目的是为了确保金融消费者能够在充分了解相关金融产品、投资活动的性质及风险的基础上做出自主决定，并承受由此产生的收益和风险。在推介、销售高风险等级金融产品和提供高风险等级金融服务领域，适当性义务的履行是卖者尽责的主要内容，也是买者自负的前提和基础。

除此之外，2020年1月25日，人民银行、银保监会、证监会、国家外汇管理局共同发布的《关于进一步规范金融营销宣传行为的通知》（银发〔2019〕316号）也从正反两个方面对如何开展金融营销宣传行为进行列示性概括。

在归责层面，《九民纪要》第七十五条规定，在案件审理过程中，金融消费者应当对购买产品（或者接受服务）、遭受的损失等事实承担举证责任，卖方机构对其是否履行了适当性义务承担举证责任。卖方机构不能提供其已经建立金融产品（或者服务）的风险评估及相应管理制度、对金融消费者的风险认知、风险偏好和风险承受能力进行测试、向金融消费者告知产品（或者服务）的收益和主要风险因素等相关证据的，应当承担举证不能的法律后果。《九民纪要》第七十六条规定，告知说明义务的履行是金融消费者能够真正了解各类高风险等级金融产品或者高风险等级投资活动的投资风险和收益的关键，人民法院应当根据产品、投资活动的风险和金融消费者的实际情况，综合理性人能够理解的客观标准和金融消费者能够理解的主观标准来确定卖方机构是否履行了告知说明义务。卖方机构简单地以金融消费者手写了诸如"本人明确知悉可能存在本金损失风险"等内容主张其履行了告知说明义务，不能提供其他相关证据的，人民法院对其抗辩理由不予支持。

依据《九民纪要》的归责裁判指引，在个案审理过程中主审法官势必需要溯回至个案的"现场"，通过对个案中各方的背景状况、实际履约情形，留痕记录等综合情况的还原和梳理来做个案上的具体判断（需要注意的是，根据《九民纪要》规定，卖方机构对其是否履行适当性义务承担举证责任，有关归责及可能的抗辩豁免问题,有机会另作他篇论述,此处不再展开)。简言之,《九民纪要》试图描绘出责任判断与认定的路径,而非直接给出具体的认定标准。毕竟,一旦为某项义务设定一套形式标准,那就等于向义务人宣示了一条规避义务的路线图。

二、金融消费者的内涵与外延

1. 金融消费者的含义

如前所述,在《九民纪要》回应有关适当性义务的相关裁判规则指引的同时,《九民纪要》也回应和确认了对金融消费者的司法保护,但《九民纪要》自身又并未对金融消费者进行定义或界定。

关于金融消费者的保护问题,2015 年国务院办公厅发布的《关于加强金融消费者权益保护工作的指导意见》(国办发〔2015〕81 号,以下简称"81 号文")试图跨越金融监管的分业壁垒,从整体上统摄和明确对于金融消费者权利的保护。81 号文提出"银行业机构、证券业机构、保险业机构以及其他从事金融或与金融相关业务的机构(以下统称金融机构)应当遵循平等自愿、诚实守信等原则,充分尊重并自觉保障金融消费者的财产安全权、知情权、自主选择权、公平交易权、依法求偿权、受教育权、受尊重权、信息安全权等基本权利,依法、合规开展经营活动"。然而 81 号文的规则过于原则化,缺乏细节指引且自身也未有关于金融消费者的明确定义。

人民银行于 2016 年印发的《中国人民银行金融消费者权益保护实施办法》(银发〔2016〕314 号文印发)(以下简称《实施办法》)规定,"本办法所称金融消费者是指购买、使用金融机构提供的金融产品和服务的自然人"。让人感到疑惑的是,最新发布的《中国人民银行金融消费者权益保护实施办法》(以下简称《实施办法 2020》)[①]对金融消费者的定义仍然延续着《实施办法》的定义思路。依据《实施办法》及《实施办法 2020》中对"金融消费者"的定

---

① http://www.moj.gov.cn/news/content/2019-12/27/zlk_3238869.html,最后访问日期:2021 年 3 月 30 日。

义,金融消费者显然不包括机构投资者。

对比《资管新规》及答记者问的回应来看,其全文并未对投资者进行类似金融消费者与非金融消费者的区分。若是仅将金融消费者限定于《实施办法》或《实施办法 2020》中的自然人,可能会导致《资管新规》所试图构建的"卖者尽责、买者自负"风险分配与承担模式的落空,对于投资者的利益保护也可能会因此出现失衡。毕竟在《资管新规》的框架视野下,对于资管产品而言,不论"买者"何为,卖者均需落实主动管理职责,履行"适当性义务"。至于在归责层面,不同类型投资者对于风险的认识判断,乃至容忍的程度,则涉及如何在个案中衡量各方责任因素的问题。

此外,《九民纪要》及最高人民法院民事审判第二庭编著的《理解与适用》在论及投资者或金融消费者时也未做明确区别,且在论述适当性义务时多指向行政监管下相关投资者适当性的监管规则①。而《九民纪要》也在某种程度上回应了存在类似不一致或冲突下的适用规则,《九民纪要》第七十三条规定,在确定卖方机构适当性义务的内容时,应当以《合同法》《证券法》《证券投资基金法》《信托法》等法律规定的基本原则和国务院发布的规范性文件作为主要依据。相关部门在部门规章、规范性文件中对高风险等级金融产品的推介、销售,以及为金融消费者参与高风险等级投资活动提供服务做出的监管规定,与法律和国务院发布的规范性文件的规定不相抵触的,可以参照适用。

《理解与适用》对此的阐述:"部门规章、规范性文件与法律和国务院发布的规范性文件的规定不相抵触的,可以参照适用。何为不相抵触?具体可分为三种情形:一是部门规章、规范性文件与法律、国务院发布的规范性文件的规定一致时,按照裁判应适用高位阶法律的规定。二是部门规章、规范性文件较法律、国务院发布的规范性文件规定的适当性要求更高时,从对金融消费者倾斜保护的原则处罚,采用'就高不就低'标准,应当参照适用部门规章、规范性文件的规定来认定卖方机构是否违反了适当性管理要求。三是如部门规章、规范性文件较法律、国务院发布的规范性文件规定的适当性要求更低,则构成本条所称的相抵触的情形。根据对投资者保护'就高不就低'的标

① 见《证券投资基金法》第 99 条。

准，此时，人民法院应当根据法律、行政法规和国务院发布的规范性文件规定做出裁判。”①

即使抛开条文之间的逻辑推论，对于从事资管业务的管理人而言，在上述不同文本背景下的词语含义得到进一步澄清前，在具体业务中最好不拘泥于《九民纪要》中有关金融消费者与监管规则下投资者之间的表意区别，而依据“就高不就低”标准，做好统一的适当性管理（不论是面临何种类型的投资者），以免挂一漏万。

2. 金融消费者与我国《消费者权益保护法》中的消费者

《九民纪要》提及的金融消费者概念，引发了另一个问题的讨论，即金融消费者与《消费者权益保护法》下消费者的概念异同。

在救济措施方面，《九民纪要》明确排除了《消费者权益保护法》下的惩罚性赔偿责任机制的适用。《九民纪要》第七十七条第二款规定，金融消费者因购买高风险等级金融产品或者为参与高风险投资活动接受服务，以卖方机构存在欺诈行为为由，主张卖方机构应当根据《消费者权益保护法》第五十五条的规定承担惩罚性赔偿责任的，人民法院不予支持。特别地，因《九民纪要》是从产品类型及产品投资属性两个层面通过列举方式来描述高风险等级金融产品及高风险投资活动，避免对于高风险等级金融产品或高风险投资活动的理解产生分歧。《理解与适用》进一步阐释道：“《九民纪要》所指高风险等级金融产品和金融服务并非金融学意义的风险等级，而是特指将来发生不利益状态之可能性，主要以本金损失为判断基准。因此，本条的适用范围实际上包括除存款外的所有具有本金损失可能的金融产品和服务，而非以金融机构依自己内部标准对金融产品划定的风险等级来决定适用范围。”②

在论及排除惩罚性赔偿责任机制适用的理由时，《理解与适用》对此的回应是：“虽然《消费者权益保护法》第五十五条规定经营者提供商品或者服务有欺诈行为的，应当按照消费者的要求增加赔偿其受到的损失，增加赔偿的

---

① 最高人民法院民事审判第二庭编著.《全国法院民商事审判工作会议纪要》理解与适用[M]. 北京：人民法院出版社，2019：417－418.

② 最高人民法院民事审判第二庭编著.《全国法院民商事审判工作会议纪要》理解与适用[M]. 北京：人民法院出版社，2019：415.

金额为消费者购买商品的价款或者接受服务的费用的三倍，但根据《消费者权益保护法》第二条的规定，金融消费不属于该法的调整范围，因此不宜参照上述三倍法则的规定。”①

在(2017)最高法民申1462号民事裁定书中，最高院法官对此问题也有类似的论述：“结合《消费者权益保护法》第二条‘消费者为生活消费需要购买、使用商品或者接受服务，其权益受本法保护’的规定，惩罚性赔偿金的制度目的在于加大对消费者为生活消费需要购买商品或接受服务时遭受欺诈所致损失的保护力度。由于涉案两类保险产品分红型年金人寿保险、万能型年金人寿保险兼具财务投资和生活消费的性质，如以全部保险费做惩罚性赔偿金的计算标准，将会涵盖自然人财务投资的风险损失，不符合惩罚性赔偿金的制度目的。”

《理解与适用》及司法案例的回应，均是将金融消费从《消费者权益保护法》保护的生活消费范围中予以排除。这一观点与前述有关“高风险等级金融产品和金融服务并非金融学意义上的风险等级，而是特指将来发生不利益状态之可能性”的逻辑观点暗合。金融消费所指向的“高风险等级金融产品和金融服务”固然有“将来发生不利益状态之可能性”，然而风险的反面正是金融消费自身的投资属性以及金融消费者对于投资增值收益的期待，此投资属性及对收益的期待与日常消费有着明显的目的与功能上的差异。

因此，从《资管新规》至《九民纪要》，行政监管与司法均在寻求某种程度上的监管与裁判的趋同，但是客观来说，基于各自业务特性与实践经验的差异，两者在对相关金融产品或服务等概念与范围的界定和描述方面仍存在适配差异，需要在不同业务层面注意区分并进行调适。

① 最高人民法院民事审判第二庭编著.《全国法院民商事审判工作会议纪要》理解与适用[M].北京：人民法院出版社，2019：430.

附录一

资产证券化典型案例

一、商业房地产抵押贷款支持证券(Commercial Mortgage Backed Securities,CMBS)

(一)基本要素

项目名称:中信建投——红星美凯龙资产支持专项计划。

交易概述:(1)专项计划设立前,原始权益人美凯龙集团(作为委托人)与信托受托人已根据"信托合同"的约定,设立信托资金规模为26亿元的单一资金信托,美凯龙集团已向信托受托人交付信托资金26亿元,美凯龙集团为单一资金信托唯一的信托受益人。信托受托人(代表单一资金信托)根据与北京红星签署的《信托贷款合同(北京红星)》和烟台红星签署的《信托贷款合同(烟台红星)》,向北京红星和烟台红星分别发放了24.1亿元和1.9亿元的信托贷款,单一资金信托对北京红星和烟台红星享有信托贷款债权。

(2)认购人通过与管理人签订《认购协议》,将认购资金委托给管理人管理,管理人设立并管理专项计划,认购人取得资产支持证券,成为资产支持证券持有人。

(3)专项计划设立后,管理人根据专项计划文件的约定,在专项计划设立日向托管人发出付款指令,指示托管人将等额于《信托受益权转让协议》项下转让对价的认购资金支付至美凯龙集团的账户,以向美凯龙集团收购其持有的全部单一资金信托受益权。管理人(代表专项计划)在专项计划设立日成为唯一信托受益人,从而间接享有对北京红星和烟台红星的债权。托管人应根据《信托受益权转让协议》及《托管协议》的约定对付款指令中资金的用途及金额进行核对,核对无误后应于专项计划设立日 17:00 时前予以付款。

(4)美凯龙集团将根据《运营流动性支持与差额支付协议》的约定,在发生差额支付事件时为优先级资产支持证券的本息偿付提供信用增进。

基础资产:由原始权益人在专项计划设立日转让给计划管理人的,原始权益人根据《信托合同》在国通信托·红星美凯龙贷款单一资金信托项下享有的全部信托受益权。

底层资产:目标物业运营收入。

增信措施:标的物业抵押担保、目标物业运营收入质押担保、目标物业的物业运营收入超额覆盖、证券的结构化分层、差额支付及流动性支持。

增信触发顺序:对于优先级资产支持证券,首先,目标物业运营收入质押担保安排为优先级资产支持证券的兑付提供偿付来源;其次,物业运营收入对优先级资产支持证券的预期收益及未分配本金支付形成了超额覆盖;再次,差额支付承诺人为专项计划提供差额支付,为资产支持证券投资者及时获得偿付提供增信;最后,在分配顺序上,优先级资产支持证券的预期收益及未分配本金优先于次级类资产支持证券的预期收益和未分配本金获得偿付,获得了一定内部增信。此外,标的物业抵押担保可使信托受托人(代表单一资金信托)在极端情况下通过处置标的物业,为优先级资产支持证券的兑付提供偿付来源。

项目特点:红星美凯龙家具集团股份有限公司作为原始权益人设立信托计划,取得信托受益权,即基础资产。信托计划向持有商业地产的项目公司(北京红星、烟台红星)发放信托贷款,作为归还信托贷款的担保,项目公司提供商业物业抵押担保及租金应收款质押担保。在此种交易结构下,信托计划仅享有对项目公司的抵押债权,而不享有底层资产的所有权。

(二)交易结构图

CMBS交易如图1所示。

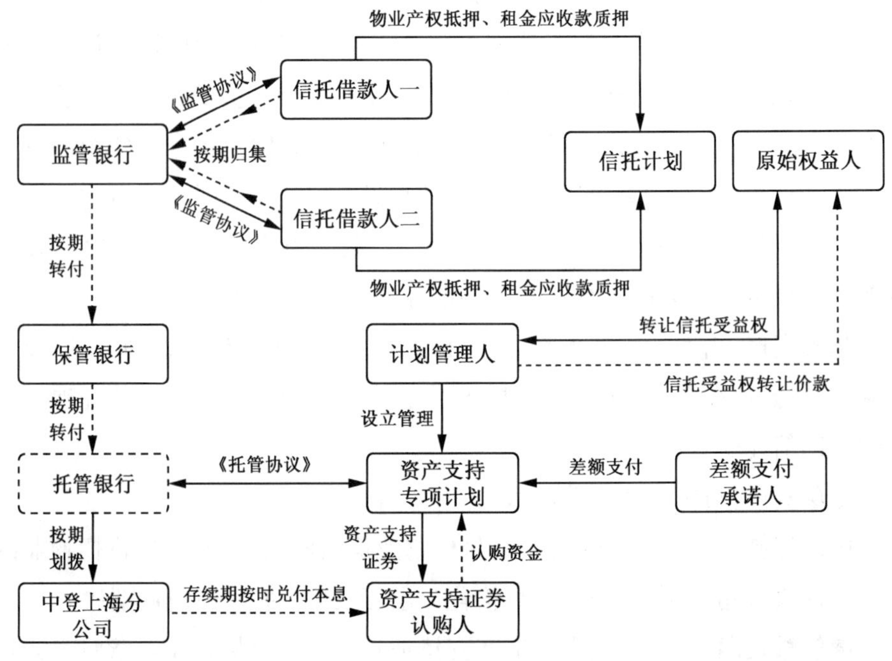

图1 CMBS交易结构图

二、政府和社会资本合作(PPP)项目资产支持证券

(一)基本要素

项目名称:国君资管——山东财经大学莱芜校区PPP资产支持专项计划。

交易概述:(1)认购人与计划管理人签订《认购协议》,以认购资金认购资产支持证券,计划管理人设立并管理专项计划,认购人取得资产支持证券,成为资产支持证券持有人。计划管理人根据与委托人签订的《认购协议》以及与原始权益人签订的《资产买卖协议》,将专项计划所募集的认购资金用于向原始权益人购买基础资产。

(2)计划管理人与托管人签订《托管协议》,托管人根据计划管理人委托在托管人处开立专项计划账户,托管人负责管理专项计划账户,并执行计划管理人的资金拨付指令。原始权益人不可撤销地授权监管银行将回收款转付至专项计划账户,监管银行应当在华瑞城投收款账户收到基础资产回收款的2个工作日内进行资金的划转工作。

(3)差额支付人一将为专项计划提供第一顺位差额支付承诺,于每一个兑付日,根据"计划说明书"及"标准条款"约定的分配顺序,专项计划托管账户内资金不足以支付该兑付日应分配的优先级资产支持证券预期支付额的部分,以及为原始权益人基础资产回购、资产支持证券赎回承担差额支付义务。差额支付人二为专项计划提供第二顺位差额支付承诺,在专项计划存续期间,如果差额支付人一未履行或未完全履行其第一顺位差额支付义务,由差额支付人二为差额支付人一的第一顺位差额支付义务承担差额支付义务。

(4)计划管理人按照约定在合格投资范围内负责管理专项计划托管账户内的留存现金,并于每个兑付日向资产支持证券投资者兑付可分配本金利息。

基础资产:原始权益人在基础资产交付日转让给计划管理人的,原始权益人因提供山东财经大学莱芜校区PPP项目建设服务而享有的要求政府支付可用性付费的收费收益权及其附属权益。

增信措施:优先/次级结构、超额覆盖、第一顺位差额支付、第二顺位差额支付、可用性付费收费权质押。

增信触发顺序:第一顺位差额支付→第二顺位差额支付→次级证券→收费权处置。

项目特点:(1)PPP项目合同具有公共利益属性,需要PPP项目社会资本方(即原始权益人)持续提供运维服务,并根据绩效考核确定付费,通过债权转让变更收费权主体或收款账户难以获得政府认可,因此PPP资产证券化项目基础资产多为收费收益权。

(2)PPP项目合规性需着重论证,PPP项目需已列入财政部PPP项目库,且不存在需被移出项目库的风险。

(二)交易结构图

政府和社会资本合作(PPP)项目资产支持证券交易如图 2 所示。

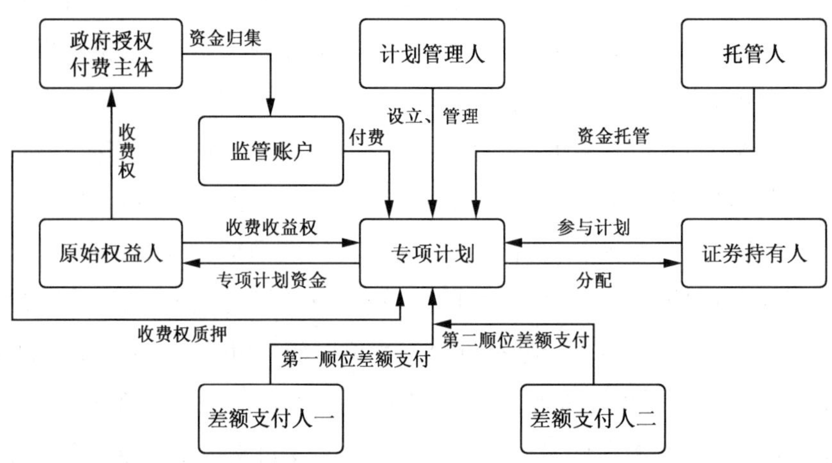

图 2　政府和社会资本合作(PPP)项目资产支持证券交易结构图

三、购房尾款资产支持证券

(一)基本要素

项目名称:华夏资本——中粮购房尾款 1 号资产支持专项计划。

交易概述:(1)认购人通过与计划管理人签订《认购协议》,取得资产支持证券,成为资产支持证券持有人;计划管理人设立并管理专项计划。

(2)计划管理人与托管人签订《托管协议》,托管人根据计划管理人委托在托管人处开立专项计划账户并负责管理该账户,执行计划管理人的资金拨付指令。

(3)计划管理人根据与认购人签订的《认购协议》以及与原始权益人签订的《资产买卖协议》,将专项计划所募集的资金用于向原始权益人购买基础资产(包括于专项计划设立日购买的初始基础资产,以及循环期期内购买的新增基础资产)。

(4)原始权益人根据《资产买卖协议》的约定,对不合格基础资产、灭失基础资产或涉诉基础资产进行置换，若不置换或未有足够资产置换，则予以赎回。

(5)计划管理人委任资产服务机构，由其按照《服务协议》为专项计划提供与基础资产及其回收有关的管理服务及催收、清收等其他服务。

(6)原始权益人/资产服务机构在监管银行开立监管账户，在每一回收款归集日，原始权益人将其收到的基础资产回收款划至监管账户，并由原始权益人/资产服务机构在回收款转付日将基础资产回收款划入专项计划账户。

(7)差额支付承诺人出具承诺函，当发生差额支付启动事件时，为专项计划账户资金未达到分配所需资金的差额部分承担支付义务。

(8)计划管理人根据“计划说明书”及相关文件的约定，向托管人发出分配指令，托管人根据分配指令，将相应资金划至登记托管机构的指定账户用于支付资产支持证券本金和收益。

基础资产：计划管理人以认购人交付的认购资金及循环期内计划管理人使用的专项计划资金，自专项计划设立日起，向原始权益人购买的符合合格标准及资产保证的对购房人享有的应收账款资产，包括初始基础资产：计划管理人以认购资金于专项计划设立日向原始权益人购买的符合合格标准及资产保证的基础资产；新增基础资产：计划管理人以专项计划资金，在循环期于循环购买执行日向原始权益人购买的符合合格标准及资产保证的基础资产。

增信措施：优先/次级结构、超额现金流覆盖、原始权益人差额支付承诺、信用触发机制。

增信触发顺序：次级资产支持证券→差额支付→信用触发机制。

项目特点：(1)本专项计划的基础资产为购房应收账款债权，原始权益人根据合格标准选取了 1 289 笔应收账款资产组成初始资产池，其中深圳地区的入池资产占 50%以上，虽然这些入池资产分属深圳不同区域和不同的按揭银行，但地区集中度仍然较高，因此其风险程度较之地区分散性产品来说为高。

(2)基础资产的回收款全部来源于与原始权益人签订商品房买卖的购房人的还款。因此本项目原始权益人及项目公司的后期跟踪管理工作非常重要，包括有效地房款催收、追收欠款及资产处置工作，最大程度保证资产支持证券持有人的利益。

(3)房地产管理部门要求对商品房预售款进行监督，由商业银行监督支取。本专项计划中部分项目公司使用银行贷款开发建设楼盘，开发贷银行对楼盘销售回款账户具有一定的控制能力，可能要求将基础资产回收款用于偿还银行债务，从而使专项计划面临回收款归集受限风险。因此，须在“计划说明书”及“标准条款”中将第三方主张权利的资产定义为不合格资产，及时予以赎回或置换，并由差额支付承诺人提供差额补足增信。

(二)交易结构图

购房尾款资产支持证券交易如图3所示。

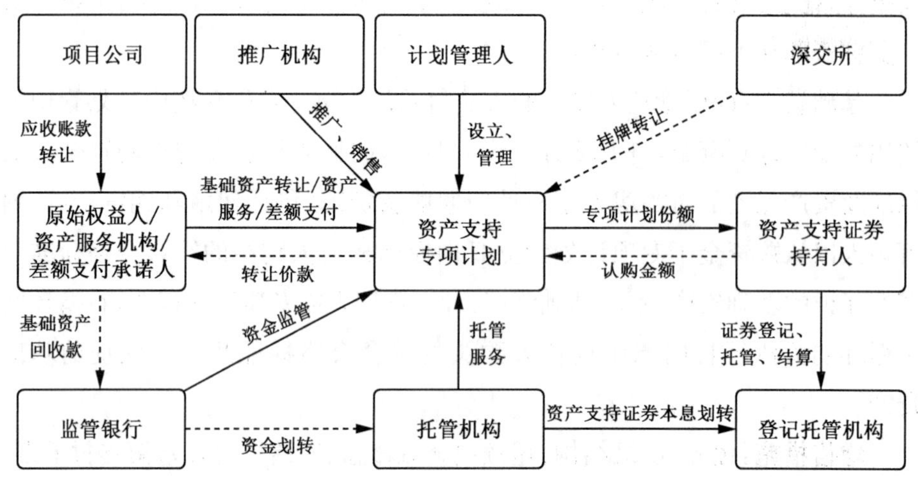

图3　购房尾款资产支持证券交易结构图

四、基础设施收费收益权资产支持证券

(一)基本要素

项目名称：长江资管——亿利燃气、天然气收费收益权资产支持专项计划。

交易概述：(1)认购人与计划管理人签订《认购协议》，将认购资金以专项资产管理方式委托计划管理人管理，计划管理人设立并管理专项计划，认购人取得资产支持证券，成为资产支持证券持有人。

(2)根据资产服务机构股东会决议及与原始权益人签署的《资产买卖协议》约定：同意于基准日将基础资产转让给原始权益人，同时原始权益人再按原样转让给计划管理人，根据原始权益人与计划管理人签订的《资产买卖协议》的约定，原始权益人(作为卖方)同意向计划管理人转售基础资产。

(3)计划管理人根据与认购人签订的《认购协议》以及与原始权益人签订的《资产买卖协议》将专项计划所募集的认购资金用于向原始权益人购买基础资产，即原始权益人通过无偿受让享有的相关收费收益权，具体收费收益权包括资产服务机构根据《城镇燃气管理条例》等法律法规、规范性文件以及"燃气经营许可证"而获得的在经营许可期间及经营许可区域范围内享有的自专项计划成立之日起36个月内的天然气收费收益权。

(4)资产服务机构根据《服务协议》"标准条款"的约定，代为收取基础资产产生的燃气销售收入，并按约定为专项计划提供与基础资产回收、区分有关的管理服务。

(5)《监管协议》的约定，监管银行收到燃气费后，根据原始权益人及计划管理人的共同书面通知将基础资产产生的现金流划入专项计划账户，由托管银行根据《托管协议》对专项计划资产进行托管。

(6)在每个托管银行报告日，监管账户划入专项计划账户的资金不足以支付优先档资产支持证券的当期应付本金和预期收益的，则由计划管理人于差额支付启动日向原始权益人发出履行差额补足义务的通知。

(7)在差额支付核算日，若专项计划账户的资金不足当期现金流预测分析咨询报告书预测的现金流入的，则由计划管理人于担保履约支付启动日向担保人发出补足义务的通知。

(8)在分配指令发出日，计划管理人根据"计划说明书"及相关文件的约定，向托管银行发出分配指令。托管银行根据分配指令，在分配资金划拨日划出相应款项分别支付专项计划费用、当期资产支持证券预期收益和本金。

基础资产：原始权益人通过无偿受让享有的相关收费收益权，具体收费收益权包括潮州翔华东龙燃气有限公司、浙江众能天然气利用有限公司、吉林省恒信天然气有限责任公司、高唐天马燃气有限公司、临安众能天然气利用有限公司、榆树市三星能源有限公司根据《城镇燃气管理条例》等法律法规、规范性文件以及"燃气经营许可证"而获得的在经营许可期间及经营许可区域范围内享有的自专项计划成立之日起36个月内的天然气收费收益权。

增信措施:优先/次级结构、超额抵押覆盖、保证金机制、原始权益人差额补足、担保机制(原始权益人的控股股东提供全额无偿连带责任保证担保)。

增信触发顺序:超额抵押覆盖→原始权益人差额补足→担保机制→保证金机制→优先/次级结构化分层。

项目特点:(1)本项目产品是以燃气市政设施及提供公共服务产生的收入为基础资产现金流来源所发行的资产支持证券,属于基础设施类资产支持证券。

(2)市政设施类收费收益权项目,一般具备特许经营资质,具有地方垄断性质,现金流相对比较稳定。因此,该类项目在交易结构方面一般采取单SPV的设计。

(3)本项目通过对时间范围、地域范围等内容进行限定从而实现基础资产的特定化(基础资产系根据《城镇燃气管理条例》等法律法规、规范性文件以及"燃气经营许可证"而获得的在经营许可期间及经营许可区域范围内享有的自专项计划成立之日起36个月内的天然气收费收益权)。

(4)本项目除一般的增信措施外,还加入了保证金机制,即由原始权益人于首个托管账户收款日将一定金额的保证金转让托管账户内,当本期基础资产产生的收益不足以支付当期优先档资产支持证券本金和预期收益时,保证金将及时予以补足。

(二)交易结构图

基础设施收费收益权资产支持证券交易如图4所示。

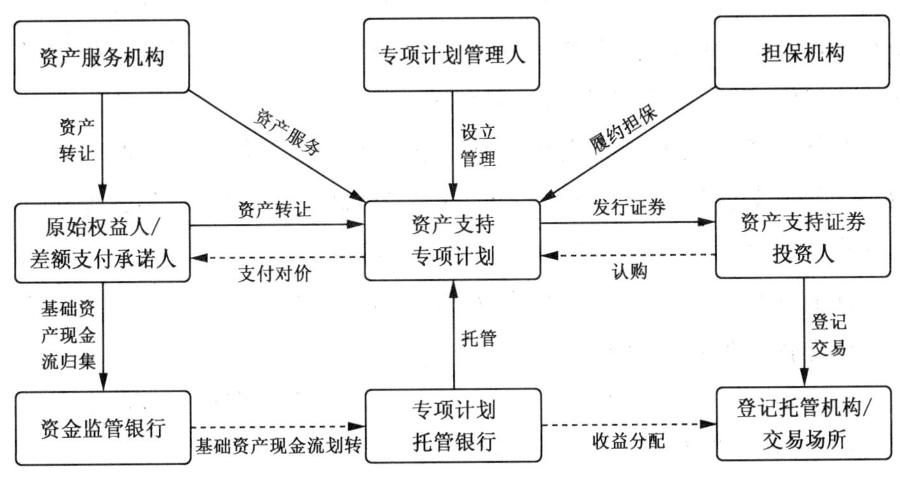

图4　基础设施收费收益权资产支持证券交易结构图

五、融资租赁债权资产支持证券

(一)基本要素

项目名称:招商固收——吉利控股集团智慧融资租赁资产支持专项计划。

交易概述:(1)认购人通过与计划管理人签订《认购协议》,将认购资金以专项资产管理方式委托计划管理人管理,计划管理人设立并管理专项计划,投资者取得资产支持证券,成为资产支持证券持有人。

(2)计划管理人根据与原始权益人签订的《资产买卖协议》的约定,将专项计划资金用于向原始权益人购买基础资产,并将基础资产购买价款支付至原始权益人指定的账户。

(3)资产服务机构根据《服务协议》的约定,负责基础资产对应的租金债权回收和催收,以及违约资产处置等基础资产管理工作。

(4)监管人根据《监管协议》的约定,依照资产服务机构的指令在回收款转付日将基础资产产生的回收款划入专项计划账户,由托管人根据《托管协议》对专项计划资产进行托管。

(5)计划管理人根据“计划说明书”及相关文件的约定，向托管人发出分配指令，托管人根据分配指令，将相应资金划拨至登记托管机构的指定账户用于支付资产支持证券本金和预期收益。

基础资产：由原始权益人在专项计划设立日转让给计划管理人的、原始权益人依据租赁合同对承租人享有自基准日起的租金请求权和其他权利及其他附属担保权益，以基础资产清单的形式列明。

增信措施：优先/次级结构、差额支付承诺。

增信触发顺序：次级证券→差额支付。

项目特点：(1)本项目是国内首单整车厂商汽车融资租赁资产证券化项目，也是吉利控股集团首单资产证券化项目。

(2)原始权益人为吉利控股集团下属的汽车融资租赁公司，基础资产中的原始借款人数量和借款笔数多(管理人筛选了 44 018 笔租赁债权作为基础资产)、行业集中度和地域集中度较低，资产池具有较大的分散性，因此本专项计划产品的风险分散程度较好，可以给优先档证券提供较好的保证。

(3)本专项计划设置了优先/次级分层及由吉利控股集团为优先级资产支持证券各期预期收益及未偿本金提供差额支付承诺等增信机制，吉利控股集团主体评级为 AAA，履约能力较强，从而为优先级资产支持证券本金和收益的实现提供一定的保障。

(4)本专项计划通过设置合格基础资产池、由原始权益人端采取多种对租赁物的风险防范措施(提高基础资产标的车辆的首付比例要求、办理租赁车辆的抵押登记，保管租赁车辆的机动车登记证书原件等)，从而在一定程度上降低了与基础资产相关的风险，确保资产支持证券的本金和收益的实现。

(二)交易结构图

融资租赁债权资产支持证券交易如图 5 所示。

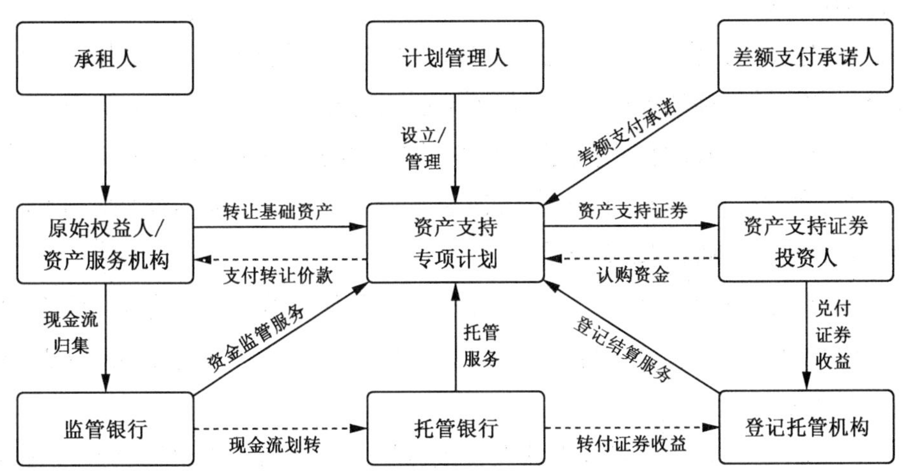

图5　融资租赁债权资产支持证券交易结构图

六、信托受益权资产支持证券

(一)基本要素

项目名称:魔方公寓信托受益权资产支持专项计划。

交易概述:(1)原始权益人签署《资金信托合同》,以固有资金委托至信托受托人(即信托贷款人),设立指定用途型事务管理类单一信托,拥有该信托计划的100%信托受益权,信托计划受托人根据原始权益人的有效指令承担一般事务管理类责任。

(2)信托贷款人与借款人(原始权益人的唯一股东及关联企业)分别签订《信托贷款合同》,向借款人发放信托贷款。借款人以公寓物业在特定期间的分租租金收入等应收账款质押给信托贷款人,以作为信托贷款的还款来源。监管银行根据《资金监管合同》,对上述质押财产现金流的还款监管账户实施监管。

(3)原始权益人的唯一股东为借款人按期足额偿还《信托贷款合同》项下的信托贷款本金及利息等款项的还款义务承担差额支付义务;并为《信托贷款合同》项下任一借款人出现日常运营资金困难或不足的情况,向借款人提供流动性支持。

(4)担保人为借款人按期足额偿还《信托贷款合同》项下约定的信托贷款本金及利息等款项的还款义务提供不可撤销的连带责任保证担保。

(5)计划管理人设立魔方公寓信托受益权资产支持专项计划,以募集资金购买原始权益人持有的100%信托受益权。资产支持证券投资者认购专项计划,以使专项计划设立成功。

(6)管理人与原始权益人签订《信托受益权转让合同》,用专项计划资金购买原始权益人持有的上述信托受益权。交易完成后,专项计划获得对应的信托受益权。

(7)专项计划存续期间,借款人于租金划款日将当期收到的魔方公寓租金从租金收款账户划入至监管账户,并于信托还款日偿还至信托账户。如不足当期应还本息,则由原始权益人的唯一股东补足或由担保人履行担保义务。

(8)信托受托人(信托贷款人)收到贷款本息后,扣除当期必要信托费用后全部分配给信托受益人,即专项计划。

(9)管理人根据相关文件约定,支付相关费用后,按照约定的顺序向优先级或次级资产支持证券持有人分配当期应分配本金和利息。

基础资产:由原始权益人在专项计划设立日转让给管理人的,原始权益人在"中航信托·天顺(2016)61号魔方公寓信托贷款单一资金信托"项下的全部信托受益权,对应的信托本金为(大写)人民币叁亿捌仟伍佰万元整(小写:¥385 000 000.00,大小写不一致的以大写为准),包括原始权益人在《信托合同》项下作为委托人或受益人的一切相关权利、权益,衍生权利、权益,义务及风险。

底层资产:公寓租金应收债权。

增信措施:优先/次级结构、现金流(公寓租金收入)超额覆盖、差额支付承诺、第三方保证担保(中合中小企业融资担保股份有限公司)、魔方(中国)投资有限公司差额支付承诺、租金应收账款质押、补充质押机制。

增信触发顺序:现金流(公寓租金收入)超额覆盖→租金应收账款质押→魔方(中国)差额支付→中合担保连带责任保证担保→证券的优先/次级结构

化分层。

项目特点：(1)本项目是中国首单长租公寓领域的资产证券化产品，采用了“专项计划＋信托”的双 SPV 结构。魔方公寓为轻资产模式运营的长租公寓企业，因为与租客签署的房屋租赁合同租期相对较短，通常为一年左右，而 ABS 产品一般产品期限都较长，该等租金应收债权产生的未来现金流不符合上述“可预测的现金流”的要求，无法直接作为基础资产，因此，由过桥资金方作为原始权益人出资设立资金信托，取得信托受益权，并以该信托受益权作为基础资产，创设了“可以产生独立、可预测的现金流的可特定化的财产权利或者财产”，解决了租金收入无法直接作为基础资产的问题。

(2)魔方公寓按轻资产模式运营，不自持物业，无法提供物业抵押，且主体资信相对较弱，需借助第三方担保公司提供担保，确保资产支持证券取得可观的评级，因此，本项目及同类项目的发行关键在于取得较高的外部增信。

(二)交易结构图

信托受益权支持证券交易如图 6 所示。

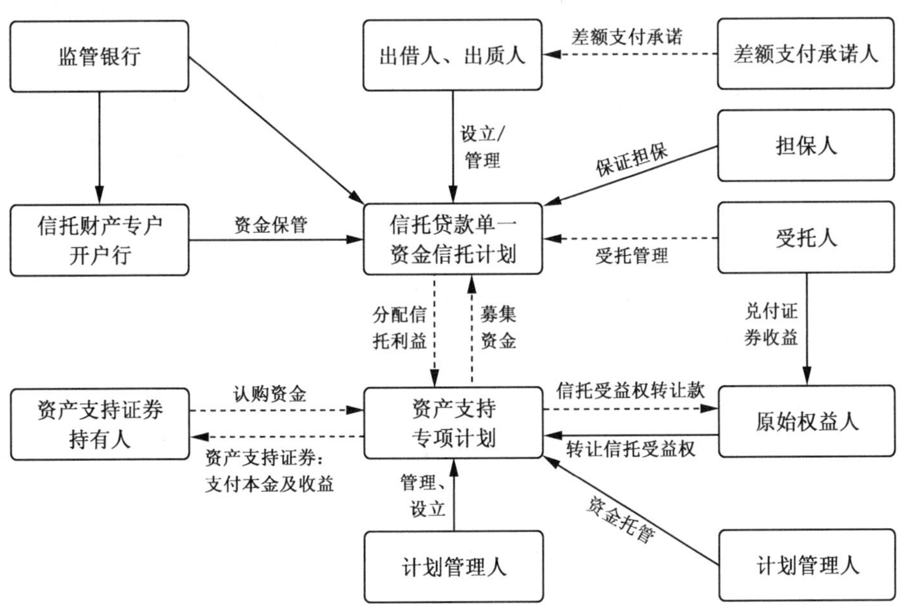

图 6　信托受益权支持证券交易结构图

七、类 REITS

(一)基本要素

项目名称:中联基金——浙商资管——沪杭甬徽杭高速资产支持专项计划。

交易概述:(1)私募基金管理人发起设立私募股权投资基金(简称"私募基金"),原始权益人认购私募基金的全部基金份额 20.125 亿份,并缴纳私募基金初始认购资金 500 万元。

(2)原始权益人作为项目公司股东,完成减资 13.7 亿元的相关工作。减资完成后,项目公司账面形成一笔对原始权益人金额为 13 亿元的应付减资款。

(3)计划管理人设立资产支持专项计划,募集 20.13 亿元。

(4)专项计划设立后,计划管理人(代表专项计划的利益)将根据专项计划文件的约定,将等额于《基金份额转让协议》项下转让对价 500 万元划付至原始权益人的账户,向原始权益人收购其持有的私募基金的全部基金份额;专项计划成为私募基金的唯一基金份额持有人后,将根据《基金合同》和《基金份额转让协议》的约定,按时足额将 20.075 亿元划付至私募基金募集结算专用账户。至此,私募基金全部认购资金缴纳完毕,合计 20.125 亿元。

(5)基金管理人(代表私募基金的利益)在足额收到基金份额持有人缴纳的 20.125 亿元基金出资后,向原始权益人收购项目公司股权和债权。专项计划设立后 5 日内,私募基金将 7.12 亿元作为股权转让款支付至原始权益人账户,随后私募基金成为项目公司 100%控股股东。

(6)私募基金将股东借款 13 亿元划转至项目公司监管账户后,将高速收费权质押至私募基金管理人(代"私募基金")。项目公司收到股东借款后用于偿还其对原始权益人的应付减资款。

(7)自高速公路资产运营收入归集起始日起,项目公司的高速公路资产运营收入及其他收入应根据《监管协议》的约定实时全额纳入监管账户。

(8)原始权益人根据《委托管理协议》的约定,作为受托运营方提供相关运营管理等服务，在项目公司准备金监管账户内准备金无法足额支付相应重大修缮与养护等费用时承担支付义务。

(9)根据《借款合同》，项目公司应于标的债权还款日向私募基金偿还借款利息和本金。同时项目公司按照中国法律以及公司章程规定向私募基金分配与其所持有项目公司股权所对应的股息、红利等股权投资。私募基金在收到预期利息和股利后，向专项计划分配私募投资基金利益。

基础资产：基金份额。

底层资产：项目公司基于所享有的标的公路收费权向相关方收取车辆通行费收入、基于所享有的"标的公路广告经营权"向相关方收取广告费或广告位租赁费等收入，基于其他合法经营业务而依法取得其他项目公司运营收入。

增信措施：优先/次级结构、超额覆盖、差额支付、原始权益人优先收购权、优先级资产支持证券的开放退出、流动性支持、原始权益人对标的资产或优先级证券的收购义务、高速公路收费权质押。

增信触发顺序：超额覆盖→差额支付→流动性支持→项目公司处置→优先/次级结构。

项目特点：(1)采用"资产支持专项计划"及"契约型私募基金"的双SPV结构，解决收费权质押登记等问题。

(2)通常情况下，当项目公司与原始权益人无存量债务的，会在私募基金与项目公司中设立SPV，由私募基金向SPV通过关联方借款形成债务，并以利息费用减少税负，项目公司再反向收购SPV。本项目中，以"减资＋应付减资款"模式构建项目公司与原始权益人之间的债务，减少设立SPV步骤。

(3)本项目中借款与股权投资比例设置低于2∶1，比例符合《财政部 国家税务总局关于企业关联方利息支出税前扣除标准有关税收政策问题的通知》(财税〔2008〕121号)有关非金融企业接受关联方债权性投资与其权益性投资比例不超过2∶1的比例限制，利息支出可税前扣除。

(二)交易结构图

类REITs交易如图7所示。

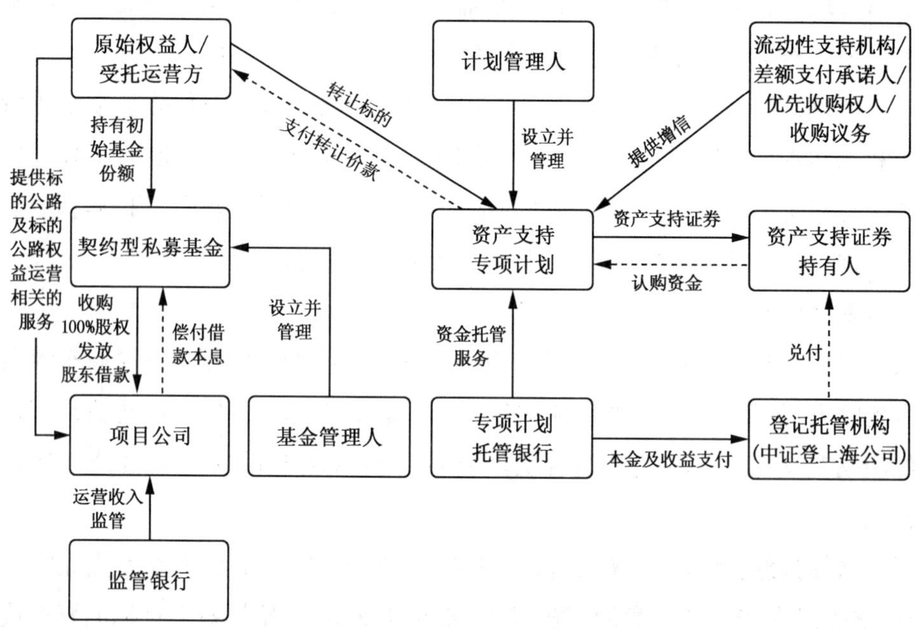

图 7　类 REITs 交易结构图

八、旅游景区收费凭证资产支持证券

(一)基本要素

项目名称:鑫沅资产——海昌海洋公园入园凭证资产支持专项计划。

交易概述:(1)计划管理人设立“鑫沅资产——海昌海洋公园入园凭证资产支持专项计划”,资产支持证券投资者认购资产支持证券,并将认购资金以专项资产管理方式委托给计划管理人。专项计划认购人取得资产支持证券,成为资产支持证券持有人。

(2)计划管理人指令托管银行将专项计划的募集资金用于购买原始权益人持有的未来特定期间的特定数量入园凭证。

(3)资产服务机构于票款归集日将期间第三方平台部分的入园凭证收入全部划入监管账户;资产服务机构每天将上一工作日至开立在工行收款账户中现金部分的入园凭证收入全部划入监管账户。

(4)监管银行根据《监管协议》的约定在每个监管账户划款日将基础资产回收款划入专项计划账户。

(5)当发生差额支付启动事件时,差额支付承诺人按约定将差额资金划入专项计划账户。

(6)计划管理人根据"计划说明书"及相关文件的约定,向托管银行发出分配指令,托管银行根据分配指令,将相应资金划拨至登记托管机构的指定账户用于支付资产支持证券本金和预期收益。在每个兑付日,在支付完毕专项计划应纳税负、管理费、托管费和其他专项计划费用以及当期优先级资产支持证券预期收益和本金后,如有剩余资金则留存在专项计划账户中,直至专项计划最后一个兑付日,满足优先级资产支持证券预期收益和本金后全部支付给次级资产支持证券持有人。

(7)差额补足方签署"差额支付承诺函",不可撤销及无条件向计划管理人承诺当分配顺序不足以支付优先级资产支持证券的各期预期收益和未偿本金的差额部分承担的补足支付义务;不可撤销及无条件地向计划管理人(代表专项计划)承诺为原始权益人支付的售购回回款项与按照"售购回回承诺函"原始权益人全部应付售购回回款项的差额部分承担补足义务。流动性支持承诺人出具"流动性支持承诺函",承诺专项计划存续期间,当原始权益人的入园凭证作为基础资产转让给专项计划发生流动性支持事件后,原始权益人的收入影响到正常经营时,流动性支持承诺人将无条件地提供相应流动性资金来维持原始权益人的正常经营。

基础资产:原始权益人因建设运营某主题公园而获得的自专项计划设立日起特定期间内拥有的某主题公园特定种类特定数量的入园凭证。

增信措施:现金流超额覆盖、资产支持证券结构化分层、差额支付承诺、流动性支持承诺人流动性支持承诺。

增信触发顺序:超额覆盖→资产支持证券结构化分层→差额支付承诺人→差额支付承诺人二。

项目特点:景区门票入园凭证通过票号编码及印刷专项计划字样来进行特定化,负债端的偿付方式为按半年付息,到期还本付息,规避了景区季节波动风险。

(二)交易结构图

旅游景区收费凭证资产支持证券交易如图8所示。

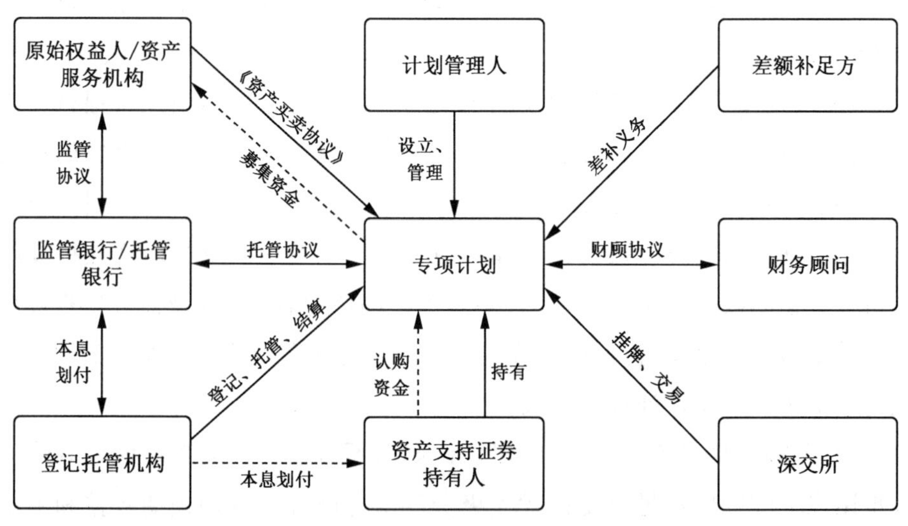

图8 旅游景区收费凭证资产支持证券交易结构图

九、融资融券债权资产支持证券

(一)基本要素

项目名称:华泰国君融出资金债权2号资产支持专项计划。

交易概述:资产支持证券投资者与管理人签订《认购协议》,将认购资金委托给管理人管理,管理人设立并管理专项计划,资产支持证券投资者取得资产支持证券,成为资产支持证券持有人。管理人与托管人签订《托管协议》,托管人根据管理人委托在托管人处开立专项计划账户,托管人负责管理专项计划账户,并执行管理人的资金拨付指令。管理人与资产服务机构和监管银行签订《监管协议》,资产服务机构和计划管理人根据该协议的规定,委托监管银行自专项计划设立日起至该协议终止日止的期间内监督管理专项计划资金归集账户。管理人根据与资产支持证券投资者签订的《认购协议》"标准条款"以及与原始权益人签订的《基础资产买卖协议》,将专项计划所募集的认购资金用于向原始权益人购买基础资产,并在专项计划存续期间循环购买基础资产。管理人与资产服务机构签订的《服务合同》,委托资产服务机构对基础资产进行管理,提供与基础资产有关的管理服务及其他服务。会计师事务所、评级机构和律师事务所分别对专项计划进行现金流预测、信用评级、出具法律意见。

基础资产:为原始权益人根据《融资融券合同》向特定融资融券客户借出资金后,依法对该特定融资融券客户享有的债权及从权利。

增信措施:优先/次级结构。

增信触发顺序:不涉及。

项目特点:(1)融出资金具有债务人分散、期限不固定、债权数量众多的特点,因此设置循环购买解决期限错配问题,并确保规模的稳定。

(2)对融出资金债权设定合格资产标准,确保转让债权的可回收性。

(3)由 IT 系统自动完成循环购买,对 IT 系统的稳定性、安全性、可操作性要求较高。

(4)对融出资金债权债务人的核查应从真实性、券商融资融券业务规则的有效性及执行情况等多方面开展。

(二)交易结构图

融资融券债权资产支持证券交易如图 9 所示。

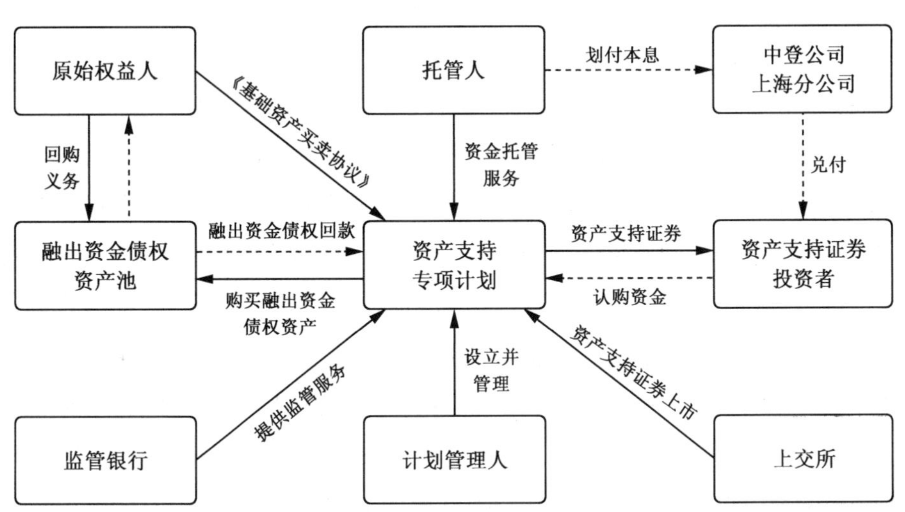

图 9　融资融券债权资产支持证券交易结构图

十、消费贷款资产支持证券

(一)基本要素

项目名称:德邦花呗第十九期消费贷款资产支持专项计划。

交易概述:(1)认购人通过与计划管理人签订《认购协议》,将认购资金以专项资产管理方式委托计划管理人管理,计划管理人设立并管理专项计划,认购人取得资产支持证券,成为资产支持证券持有人。

(2)计划管理人根据与原始权益人签订的《资产买卖协议》的约定,将专项计划资金用于向原始权益人购买符合合格标准的基础资产,即原始权益人依据《贷款合同》对借款人享有的债权及其附属权利。

(3)资产服务机构根据《服务协议》的约定,负责基础资产的管理,包括但不限于基础资产服务报告、对借款人应还款项进行催收、违约基础资产处置以及运用前期基础资产回收款滚动投资后续资产包等。

(4)计划托管人根据《托管协议》的约定,管理专项计划账户,执行计划管理人的划款指令,负责办理专项计划的资金往来等。

(5)计划管理人根据"计划说明书"及相关文件的约定,向托管银行发出分配指令,托管银行根据分配指令,将相应资金划拨至指定账户用于支付资产支持证券本金和预期收益。

基础资产:指《资产买卖协议》下"管理人"以"认购人"交付的"认购资金"及"循环期"内"管理人"利用"专项计划资金",自"专项计划设立日"(含该日)起,向"原始权益人"购买的符合"合格标准"的"花呗消费贷款资产"(包含已计提但尚未支付的逾期利息和/或费用),"原始权益人"将在其IT系统中针对"基础资产"加注特定标识予以区分;特别地,在"借款人"依据贷款合同使用原始权益人提供的分期还款服务的情况下,分期后的每一笔"花呗消费贷款资产"(包含已计提但尚未支付的逾期利息和/或费用)均应视为单独的一笔"基础资产"。基础资产明细以"原始权益人"IT系统内标识的资料为准,该等资料至少包括《资产买卖协议》附件一中所规定的要素。

增信措施:现金流超额覆盖、优先/次级分层。

项目特点：本专项计划中基础资产分散性高，充分利用了资产证券化产品分散风险的优势；“借呗”业务，循环购买，产品未设置外部担保。

（二）交易结构图

消费贷款资产支持证券交易如图 10 所示。

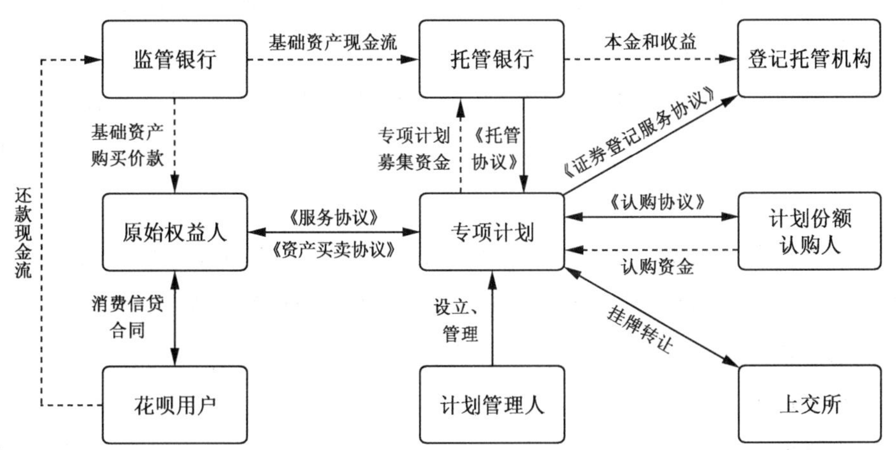

图 10　消费贷款资产支持证券交易结构图

十一、工程应收账款资产支持证券

（一）基本要素

项目名称：中建八局应收账款资产支持专项计划。

交易概述：(1)认购人通过与管理人签订《认购协议》，将认购资金以专项资产管理方式委托管理人管理，管理人设立并管理专项计划，认购人取得资产支持证券，成为资产支持证券持有人。

(2)管理人根据与原始权益人签订的《基础资产买卖协议》的约定，将专项计划资金用于向原始权益人购买基础资产，即基础资产清单所列的由原始权益人在专项计划设立日、循环购买日转让给管理人的、原始权益人依据工程合同及应收账款转让合同对发包人享有的应收账款，但质保金除外。

(3)资产服务机构根据《服务协议》的约定，负责与基础资产及其回收有关的管理服务及其他服务。

(4)监管银行根据《监管协议》的约定,监督资产服务机构在回收款转付日将基础资产产生的现金划入专项计划账户,由托管人根据《托管协议》对专项计划资产进行托管。

(5)当发生任一差额支付启动事件时,差额支付承诺人根据"差额支付承诺函"将差额资金划入专项计划账户。

(6)管理人根据"计划说明书"及相关文件的约定,向托管人发出分配指令,托管人根据分配指令,将相应资金划拨至登记托管机构的指定账户用于支付资产支持证券本金和预期收益。

基础资产:由原始权益人在专项计划设立日、循环购买日转让给管理人的、原始权益人依据工程合同对发包人享有的应收账款,但质保金除外。

增信措施:优先/次级结构、差额支付。

增信触发顺序:优先/次级结构→差额支付。

项目特点:(1)本项目在界定基础资产时排除了质保金。工程款按照建设阶段一般可以分为预付款、进度款、竣工结算款、质保金四种类型。其中,质保金是为落实项目工程在缺陷责任期内的维修责任,从应付的工程款中预留用部分款项以保证已通过竣(交)工验收的项目工程出现的质量问题而施工企业拒绝维修时由业主自行实施维修的资金。由于保修期内维修的履约情况无法确定,最终结算的金额无法得到确认,因此在施工合同约定的保质期结束前,质保金的金额无法确认。因此,以应收工程款作为基础资产的,通常会排除质保金。

(2)为满足基础资产"可以产生独立、可预测的现金流且可特定化"的特点,本项目中,基础资产合格标准中的一项重要指标为:"承包人已经履行并遵守了基础资产所对应的任一份工程合同项下其所应当履行的义务,且发包人未提出因承包人瑕疵履行而要求减少应收账款等主张。"因此在基础资产相对应的工程合同均需配套确认施工合同项下应收账款的《产值核定单》《工程款支付审批表》《确认工程结算说明》等文件。

(3)对工程合同项下的发包人提出"发包人应为原始权益人战略合作客户或为已与原始权益人或其关联方进行或正在进行工程项目合作的合作方,

且原始权益人未与相关发包人就应收账款回收发生重大纠纷，发包人经评级机构影子评级等级不得低于 A－”及“除保障房项目外，资产池内房地产行业发包人相关基础资产未偿价款余额金额之和占比不超过资产池全部基础资产未偿价款余额的 30％，且其相关房地产行业发包人之集团公司主体评级应在 AA＋以上”的要求，确保资金的稳定。

（二）交易结构图

工程应收账款资产支持证券交易如图 11 所示。

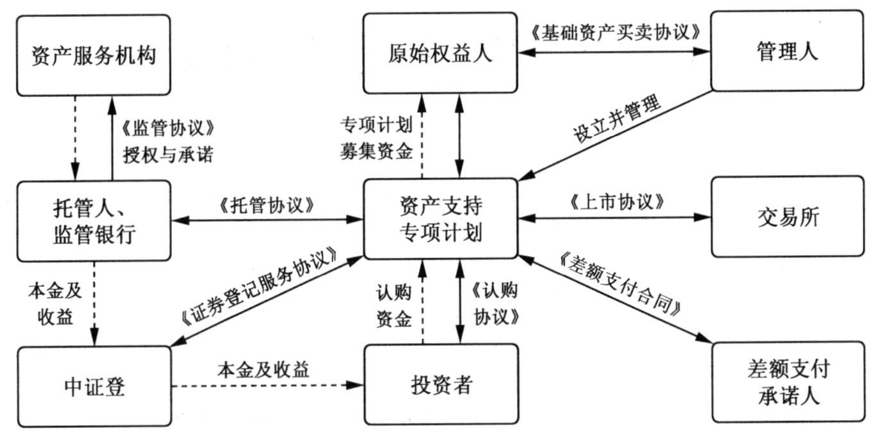

图 11　工程应收账款资产支持证券交易结构图

附录二

企业资产证券化业务主要法律法规及规范性文件目录（截至2021年7月）

一、全国人民代表大会及全国人民代表大会常务委员会	
2020年3月1日	《中华人民共和国民法典》
2021年1月1日	《中华人民共和国证券法》
二、证监会	
2006年5月14日	《关于证券投资基金投资资产支持证券有关事项的通知》
2014年11月19日	《证券公司及基金管理公司子公司资产证券化业务管理规定》
2014年11月19日	《证券公司及基金管理公司子公司资产证券化业务信息披露指引》
2014年11月19日	《证券公司及基金管理公司子公司资产证券化业务尽职调查工作指引》
2016年5月13日	《资产证券化监管问答(一)》
2017年3月2日	《关于支持绿色债券发展的指导意见》
2017年12月1日	《资产证券化业务知识问答》
2018年4月24日	《关于推进住房租赁资产证券化相关工作的通知》
2018年12月24日	《资产证券化监管问答(二)》
2019年4月19日	《资产证券化监管问答(三)》
2020年4月24日	《关于推进基础设施领域不动产投资信托基金(REITs)试点相关工作的通知》
2020年8月6日	《公开募集基础设施证券投资基金指引(试行)》

续表

三、发改委	
2016年12月21日	《关于推进传统基础设施领域政府和社会资本合作(PPP)项目资产证券化相关工作的通知》
2021年6月29日	《关于进一步做好基础设施领域不动产投资信托基金(REITs)试点工作的通知》
四、财政部、人民银行、证监会	
2017年6月7日	关于规范开展政府和社会资本合作项目资产证券化有关事宜的通知
五、基金业协会	
2014年12月24日	《资产支持专项计划备案管理办法》
2014年12月24日	《资产证券化业务基础资产负面清单指引》
2014年12月24日	《资产证券化业务风险控制指引》
2019年6月24日	《政府和社会资本合作(PPP)项目资产证券化业务尽职调查工作细则》
2019年6月24日	《企业应收账款资产证券化业务尽职调查工作细则》
2019年6月24日	《融资租赁债权资产证券化业务尽职调查工作细则》
六、上交所	
2014年11月26日	《资产证券化业务指引》
2017年2月17日	《关于推进传统基础设施领域政府和社会资本合作(PPP)项目资产证券化业务的通知》
2017年6月20日	《资产支持证券挂牌条件确认业务指引》
2017年7月21日	《关于进一步推进政府和社会资本合作(PPP)项目资产证券化业务的通知》
2017年10月19日	《政府和社会资本合作(PPP)项目资产支持证券挂牌条件确认指南》
2017年10月19日	《政府和社会资本合作(PPP)项目资产支持证券信息披露指南》
2017年12月15日	《企业应收账款资产支持证券挂牌条件确认指南》
2017年12月15日	《企业应收账款资产支持证券信息披露指南》
2018年2月9日	《融资租赁债权资产支持证券挂牌条件确认指南》
2018年2月9日	《融资租赁债权资产支持证券信息披露指南》
2018年5月11日	《资产支持证券定期报告内容与格式指引》
2018年5月11日	《资产支持证券存续期信用风险管理指引(试行)》
2018年6月8日	《基础设施类资产支持证券挂牌条件确认指南》

续表

2018年6月8日	《基础设施类资产支持证券信息披露指南》
2018年8月15日	《资产证券化业务问答(一)》
2018年8月15日	《资产证券化业务问答(二)——绿色资产支持证券》
2019年2月12日	《资产证券化业务问答(三)——资产支持证券分期发行》
2019年11月1日	《资产支持证券临时报告信息披露指引》
2021年1月29日	《公开募集基础设施证券投资基金(REITs)业务办法(试行)》
2021年1月29日	《公开募集基础设施证券投资基金(REITs)规则适用指引第1号——审核关注事项(试行)》
2021年1月29日	《公开募集基础设施证券投资基金(REITs)规则适用指引第2号——发售业务(试行)》
七、深交所	
2014年11月25日	《资产证券化业务指引》
2017年2月17日	《关于推进传统基础设施领域政府和社会资本合作(PPP)项目资产证券化业务的通知》
2017年6月19日	《资产支持证券挂牌条件确认业务指引》
2017年7月21日	《关于进一步推进政府和社会资本合作(PPP)项目资产证券化业务的通知》
2017年10月19日	《政府和社会资本合作(PPP)项目资产支持证券挂牌条件确认指南》
2017年10月19日	《政府和社会资本合作(PPP)项目资产支持证券信息披露指南》
2017年12月15日	《企业应收账款资产支持证券挂牌条件确认指南》
2017年12月15日	《企业应收账款资产支持证券信息披露指南》
2018年2月9日	《融资租赁债权资产支持证券挂牌条件确认指南》
2018年2月9日	《融资租赁债权资产支持证券信息披露指南》
2018年5月11日	《资产支持证券存续期信用风险管理指引(试行)》
2018年5月11日	《资产支持证券定期报告内容与格式指引》
2018年6月8日	《基础设施类资产支持证券挂牌条件确认指南》
2018年6月8日	《基础设施类资产支持证券信息披露指南》
2019年10月31日	《资产支持证券临时报告信息披露指引》
2020年12月31日	《资产证券化业务指南第1号——挂牌条件确认业务办理》
2021年1月29日	《公开募集基础设施证券投资基金业务办法(试行)》

续表

2021年1月29日	《公开募集基础设施证券投资基金业务指引第1号——审核关注事项(试行)》
2021年1月29日	《公开募集基础设施证券投资基金业务指引第2号——发售业务(试行)》
八、中国证券业协会	
2015年2月16日	《机构间私募产品报价与服务系统资产证券化业务指引(试行)》
2017年12月15日	《机构间私募产品报价与服务系统企业应收账款资产支持证券挂牌条件确认指南》
2017年12月15日	《机构间私募产品报价与服务系统企业应收账款资产支持证券信息披露指南》
2018年6月8日	《机构间私募产品报价与服务系统基础设施类资产支持证券挂牌条件确认指南》
2018年6月8日	《机构间私募产品报价与服务系统基础设施类资产支持证券信息披露指南》
九、中证机构间报价系统股份有限公司	
2016年3月16日	《机构间私募产品报价与服务系统资产证券化业务指南》
2017年7月21日	《机构间私募产品报价与服务系统关于进一步推进政府和社会资本合作(PPP)项目资产证券化业务的通知》
2017年10月19日	《机构间私募产品报价与服务系统政府和社会资本合作(PPP)项目资产支持证券挂牌条件确认指南》
2017年10月19日	《机构间私募产品报价与服务系统政府和社会资本合作(PPP)项目资产支持证券信息披露指南》
2018年2月9日	《机构间私募产品报价与服务系统融资租赁债权资产支持证券挂牌条件确认指南》
2018年2月9日	《机构间私募产品报价与服务系统融资租赁债权资产支持证券信息披露指南》
2018年5月11日	《机构间私募产品报价与服务系统资产支持证券存续期信用风险管理指引(试行)》
2018年5月11日	《机构间私募产品报价与服务系统资产支持证券定期报告内容与格式指引》

后　记

资产证券化业务因专业性较强且在中国的发展历史较短，故概念尚不普及，研究并不深入。在资产证券化相关法律业务的学习和工作中，我们特别希望能有一本较为系统和实用的工具书，可以较快和全面地弄懂资产证券化业务的基本特征和基础要素。而我们，正是试着以法律为主线做这么一件事。

对一群律师而言，这并不容易。编写本书并不是简单的知识输出，更是对资产证券化业务的系统学习和再认识。为此，我们花费了大量的时间和精力，力求做到概念准确、外延适度、解析到位，力求给读者呈现一本具有可读性、实用性的书籍。当然囿于我们的理论与实践水平，所思所论可能挂一漏万。

在编写本书的过程中，我深刻感受到夏辉律师、唐昀律师、马骏律师、赵玥律师的齐心协力和无私付出。律师工作本已繁重，大家牺牲大量的休息时间来参与编写，克服重重困难做一件有意义却很枯燥的事。在初稿完成后，又逢《民法典》颁布和配套法律法规、司法解释更新，大家不得不对全书进行二次修改，以保证内容与新规契合。

在此，要感谢来自金融行业的诸多前辈和专家的支持与鼓励。感谢雪松国际信托董事长祁绍斌先生为本书作序，感谢亚洲金融合作联盟专职副主席王少钦先生、联储证券总裁丁可先生、嘉实基金董事总经理王艺军先生、东南大学教授陈乃道先生进行推荐。他们甘为人梯的精神，让我们更加坚定了在资产证券化行业深入研究和长期坚守的决心。还要感谢行业经验丰富且极具创新思维的陈健先生，他对本书的编写提供了有价值的素材且不吝分享他对行业和创新产品的思考。感谢深耕证券和基金行业的杨坤博士，他不仅自己是资产证券化研究的拥趸，还抽出宝贵时间为我们提供帮助。当然，我们还要一并感谢编辑老师刘光本和廖沛昕的细致认真与辛勤付出。

最后，我们期待与实务界、理论界的同仁继续探索资产证券化中的法律问题，并就资产证券化法律实践的完善与业务的发展贡献绵薄之力。

王同海

2021 年 12 月